Jörg Zittlau
Sie meinten's herzlich gut

Jörg Zittlau

# Sie meinten's herzlich gut

Berühmte Leute und ihre
schrecklichen Eltern

List

List ist ein Verlag
der Ullstein Buchverlage GmbH

ISBN 978-3-471-35054-6

Gesetzt aus der Minion Postscript
Satz: LVD GmbH, Berlin
Druck und Bindearbeiten: CPI – Clausen & Bosse, Leck
Printed in Germany

# INHALT

# Wie viel Eltern braucht ein Genie?

*Ich habe niemals eine Mutter gehabt … Welche Eitelkeit habe ich verletzen können, ich neugeborenes Kind? Durch welche physische und psychische Minderwertigkeit zog ich mir die Kälte meiner Mutter zu? War ich ein Kind der Pflicht, dessen Geburt zufällig war oder dessen Leben ein Vorwurf ist?*

Balzac war bereits sechsunddreißig Jahre alt, doch sein Zorn auf Mutter Laure schwelte immer noch. Sie hatte seinerzeit abgelehnt, den kleinen Honoré zu stillen, und ihn zu einer Amme aufs Land geschickt. Dort wurde er dann schlichtweg vergessen: »Als ich in das väterliche Haus zurückkam, wurde ich so wenig beachtet, dass ich das Mitleid der Leute erweckte.«

Balzac kam niemals darüber hinweg. Trotzdem war seine Mutter für ihn auch eine große Inspiration. Wie etwa in dem Roman *Die Lilie im Tal*. Die herrische, eitle Matriarchin, die dort ihr Kind tyrannisiert und kein Verständnis für seine Träumereien hat – sie ist das literarische Denkmal der Laure Balzac.

Aus dem schwierigen Verhältnis zu seiner Mutter erklärt sich auch Balzacs an Besessenheit grenzender Arbeitseifer: Wenn er schon nicht ihre Liebe gewinnen konnte, wollte er sich wenigstens die Liebe der Leser verdienen. In wahren Buchstabenorgien füllte er Seite um Seite, Buch um Buch – allein der Magen des Autors blieb leer. Wochenlang konnte Balzac während seiner Schaffensperioden fast ohne Essen auskommen. Seinen Geist schmierte er mit Kaffee, von dem er bis zu vierzig Kännchen pro Tag in sich hineinkippte. Auch in der Verweigerung der Nahrungsaufnahme zugunsten des schöpferischen Prozesses kann man die frühe Ablehnung durch die Mutter wiederfinden: Er wollte ihr, die ihn nicht stillen wollte, und eigentlich der ganzen Welt zeigen, dass er ihre Brust nicht brauchte, dass er überhaupt auf jegliche Nahrung verzichten konnte.

Das war ein Irrtum. Denn dem obsessiven Schaffen folgte regelmäßig exzessives Essen und Trinken, so dass sich der ausgemergelte Körper des Schriftstellers binnen kurzem in einen aufgeblasenen Ballon verwandelte, um dann in der nächsten Schreiborgie wieder in sich zusammenzufallen. Am Ende freilich war Balzac, ein Opfer des typischen Jojo-Effekts, nur noch fett.

Das kaputte Genie und sein kaputtes Elternhaus – was klingt wie das Thema eines Romans von Balzac, ist keine Fiktion, auch kein Klischee, sondern historische Realität. Denn der französische Romancier war keine Ausnahme. Die gesamte Weltgeschichte wurde in großem Maße von Menschen mit unglücklicher Kindheit und unfähigen Eltern geprägt. Es gibt sie in Kunst und Musik, in Literatur und Philosophie, in Politik und Sport, im Altertum genauso wie in heutigen Tagen. Alexander der Große etwa hatte machtbesessene Eltern, die sich hassten und ihren Konflikt auf dem Rücken des Sohnes austrugen. In dessen Hirn bildeten sich daraufhin psychische Verwicklungen, die er nicht einfach zerschlagen konnte, wie er es mit dem gordischen Knoten tat. Mit der Folge, dass die Makedonier und Griechen am Ende ihres Feldzuges von einem realitätsfremden Massenmörder mit gespaltener Persönlichkeit befehligt wurden.

Einige Jahrhunderte später trat in Rom wieder eine machthungrige Mutter in Erscheinung: Agrippina. Sie vergiftete ihren Mann, um ihren Sohn Nero zum Kaiser zu machen. Der solchermaßen Beförderte allerdings ließ wiederum seine Mutter ermorden, als er merkte, dass sie ihn nicht aus Mutterliebe, sondern aus eigenem Machtinteresse auf den Thron gehievt hatte.

Ansonsten setzten die Eltern im Altertum vor allem auf Prügel, Rute und Peitsche, um die Kinder gefügig zu machen – ein Trend, dem das Christentum bis ins Mittelalter hinein zur Fortsetzung verhalf. Martin Luther etwa wurde Opfer des sogenannten »Stäupens«, einer besonders erniedrigenden Form der Prügelstrafe. Und wenn das nicht half, wurden Kinder auch schon mal eingesperrt. Der junge Thomas von Aquin musste ein Jahr lang in einem verriegelten Turm ausharren, weil er sich dem Willen der Eltern widersetzte. Er ging danach in den zwar demokratischen, aber extrem strengen Dominikanerorden, tauschte also gewissermaßen die Gefängnis- gegen die Klosterzelle – offenbar hatte er sich an Einsamkeit und Entbehrung gewöhnt.

Nach dem Mittelalter und erst recht mit dem Beginn der Aufklärung im 17. Jahrhundert wurden die Grausamkeiten zwar nicht weniger, dafür aber differenzierter, geistreicher und subtiler. Friedrich der Große beispielsweise wurde von seinem Vater damit bestraft, dass er sich die Hinrichtung seines besten Freundes anschauen musste. Seit diesem Erlebnis war er emotional tiefgefroren. Dass er nach der Thronbesteigung zu einem erfolgreichen Feldherrn wurde, verdankte er nicht zuletzt auch der Tatsache, dass er kälter und berechnender war als seine Gegner. Arthur Schopenhauer hingegen blieb zeitlebens ein sehr leidenschaftlicher Mensch, der ebenso kreativ wie bösartig über alles und jeden herziehen konnte – vor allem über Frauen, die er »weder zu größeren geistigen noch körperlichen Arbeiten bestimmt« sah. Die Basis für diesen Frauenhass wurde, man ahnt es, durch seine Mutter geschaffen, eine Schriftstellerin, die sich zwar selbst zu größeren geistigen Arbeiten berufen fühlte, aber für die Philosophie ihres Sohnes keinerlei Verständnis hatte.

Bei manchen Künstlern liegt die Vermutung nahe, dass es einen Zusammenhang zwischen dem konfliktbeladenen Elternhaus und der Entstehung von Kreativität geben könnte. In der einen oder anderen Weise wurden sie von den negativen Erfahrungen zu Hause inspiriert, ihre Werke zu schaffen. Anaïs Nin versuchte, mit ihrem Schreiben die Liebe des Vaters zurückzugewinnen, und Salvador Dalís Kunst ist der Versuch, gegen den früh gestorbenen, aber glorifizierten älteren Bruder anzutreten, und er setzte diese Kunst mit genau den Mitteln um, die ihm seine Eltern mitgaben: Egozentrik und Ignoranz.

Beethoven, Liszt, Mozart und Clara Schumann bekamen zu spüren, was es heißt, von den Eltern oder zumindest von einem Elternteil zum Wunderkind gemacht zu werden: Man wird dadurch nämlich in der Tat zum Wunder, darf aber kein Kind mehr sein. Ein Schicksal, das auch die Marx Brothers, Elizabeth Taylor, Andre Agassi, Steffi Graf, Tiger Woods und Michael Jackson traf.

Natürlich hatten auch Diktatoren wie Napoleon, Stalin, Hitler, Franco, Mussolini und Mao Zedong problematische Eltern. Sie waren sogenannte »Muttersöhne«, mit einem schwachen oder abwesenden Vater auf der einen und einer starken, dominanten oder auch übermäßig gluckenden Mutter auf der anderen Seite. Diese Unausgeglichenheit baute einerseits das Weibliche in ihnen auf, sorgte aber auch für den Drang, anstelle der vorgelebten Männlichkeit des Vaters einem eigenen und völlig überzeichneten Männlichkeitsideal zu folgen. Ein Phänomen, das man auch bei anderen Muttersöhnen findet, wie etwa bei Ernest Hemingway, Friedrich Nietzsche, Ronald Reagan, Otto von Bismarck, Konrad Adenauer und Franz Josef Strauß. Warum freilich die einen Muttersöhne zu Diktatoren und Menschenschlächtern wurden und die anderen nicht, steht auf einem anderen Blatt.

In diesem Buch finden sich insgesamt zwanzig prominente Beispiele elterlicher Inkompetenz. Es war kein Problem, sie aufzuspüren. Es sind vielmehr die Top 20 aus einer Fülle spannender, extremer und absurder Fälle. Die vier Kapitel dieses Buches orientieren sich an den wesentlichen Merkmalen der betreffenden Väter und Mütter. Es gibt *Schläger und Despoten, Drillmeister und Kindheitsräuber, Egoisten und Ignoranten sowie Feiglinge und Fatalisten.* Mit etwas Phantasie würde man sicherlich auch noch andere Kategorien finden, etwa *Halbgötter, Glucken* und *Narzissten.* Weiterhin hätten einige Eltern nicht nur in einem, sondern gleich in mehreren Kapiteln einen Platz verdient. Der Vater von Michael Jackson etwa wäre nicht nur bei den Drillmeistern, sondern auch bei den Despoten und Schlägern gut aufgehoben, und bei Ernest Hemingway gehört die Mutter zu den Egoisten und Ignoranten, der Vater jedoch ist eher ein Fall für die Feiglinge und Fatalisten.

Natürlich gibt es in der Prominenz der Weltgeschichte eine sehr große Zahl guter Eltern – solche, die ihr Kind weder verhätschelt noch misshandelt, weder ignoriert noch verherrlicht haben. Auch sie machten Fehler, aber sie blieben ihren Kindern und der Nachwelt trotzdem in angenehmer Erinnerung. Außerdem sollte man in der pädagogischen Diskussion vorsichtig sein, bevor man etwas falsch oder richtig nennt. In vielen Fällen geht es im Grunde um verschiedene Weltanschauungen, über die man endlos streiten kann, ohne jemals zu einem Ergebnis zu kommen. Wenn man ein Kind verprügelt und erniedrigt, ist das zweifelsohne falsch; doch ob man es patriotisch oder pazifistisch, kapitalistisch oder kommunistisch, religiös oder gottlos erzieht, ist einfach nur Ansichtssache.

Gute Eltern erkennt man nicht daran, dass sie von den Kindern glorifiziert werden. Im Gegenteil, in so einem Fall ist sogar besondere Skepsis angebracht; denn wer glorifiziert, hat aus irgendwelchen Gründen den ungetrübten Blick verloren. Gute Eltern erkennt man vielmehr daran, dass ihre Kinder sich später gerne an ihre Kindheit erinnern – nicht schwärmerisch oder wehmütig, und auch nicht verbittert oder emotionslos, sondern einfach nur: gerne. Weil man etwas erlebt hat, das nicht verdrängt oder uminterpretiert werden muss, sondern problem- und vorbehaltlos aus dem Gedächtnis hervorgeholt werden kann. Eine solchermaßen erinnerte Kindheit macht warm ums Herz wie eine Tasse heißer Kakao an einem kalten Winterabend. Und sie trägt zur Selbsterkenntnis bei.

Erich Kästner, der lustige Kinderbücher genauso schreiben konnte wie bitterböse Satiren, bemerkte dazu: »Manches, was man als Kind erlebt hat, erhält seinen Sinn erst nach vielen Jahren. Und vieles, was uns später geschieht, bliebe ohne die Erinnerung an unsre Kindheit so gut wie unverständlich. Unsre Jahre und Jahrzehnte greifen ineinander wie die Finger beim Händefalten. Alles hängt mit allem zusammen.«

Kästner übrigens war ein glückliches Kind. Obwohl viele ihm einreden wollten, dass er doch unglücklich gewesen sein müsste, weil er keine Geschwister hatte und die Eltern um seine Liebe buhlten. Seine Antwort darauf fiel ebenso knapp wie unmissverständlich aus: »Ich blieb das einzige Kind meiner Eltern und war damit völlig einverstanden.« Er wurde trotzdem zu einem großen Schriftsteller.

# KAPITEL 1

# Schläger und Despoten

Was kann ein Elternteil dazu bringen, sein eigenes Kind zu schlagen? Und zwar nicht nur hier und da mit einer Ohrfeige, sondern regelmäßig, mit Stock, Rute, Peitsche oder sogar der zur Faust geballten Hand? So würde man doch nur einem Feind begegnen, den man hasst oder vor dem man Angst hat. Aber warum sollten Vater und Mutter ihr Kind absichtlich verletzen, erniedrigen und traumatisieren?

Die naheliegendste Antwort auf diese Frage ist ebenso trivial wie unbefriedigend: weil man es eben immer schon so gemacht hat. Keine Erziehungsmaßnahme ist kulturell so tief verankert wie das Prügeln.

Vor dem Beginn der Hochkulturen, als der Mensch noch in archaischen Stammesverbänden lebte, war die körperliche Züchtigung nicht die Regel. Ein paar der Naturvölker prügelten ihre Kinder, andere nicht. Doch mit dem Aufstieg der hochentwickelten Staaten in Ägypten, Persien, Griechenland, Indien und China etablierte sie sich und wurde zum Standard der Erziehung. Denn man war davon überzeugt, dass eine Kultur sich nur durch eiserne Disziplin aufrechterhalten ließe und daher jegliche Disziplinlosigkeit im Keim erstickt werden müsse. Die körperliche Gewalt erschien hier als probates Mittel, denn sie ist universell anwendbar und wirkt sofort.

Mögliche Nebenwirkungen wurden ignoriert, man redete sich die Prügelerziehung einfach schön. So sprach der »weise« Salomo: »Wer die Rute spart, hasst seinen Sohn; wer ihn liebt, nimmt ihn früh zur Zucht.« Und im neutestamentarischen *Brief an die Hebräer* heißt es: »Denn wo ist ein Sohn, den sein Vater nicht züchtigt?«, um sogleich selbst die Antwort zu geben: »Würdet ihr nicht gezüchtigt, wie es doch bisher allen ergangen ist, dann wäret ihr nicht wirklich seine Kinder, ihr wäret nicht seine Söhne.« Im antiken Griechenland war man ähnlicher Meinung. Zwar meldete Platon erstmals zaghafte Zweifel an der Prügelpädagogik an, doch seine Landsleute hielten es eher mit seinem Kollegen Aristoteles, der kategorisch empfahl, »die Kinder zu entehren und zu schlagen«. Aristoteles' Werke hatten großen Einfluss auf das Mittelalter, weshalb auch später niemand ein schlechtes Gewissen hatte, wenn er seine Kinder schlug. Es hieß: »Schone die Rute, und du verdirbst dein Kind«, und im kecken Reim warnte man: »An der Rute zu sparen rächt sich nach Jahren.«

Auch der junge Martin Luther bekam dies zu spüren, wobei er nicht nur vom Vater, sondern auch von der Mutter so hart rangenommen wurde, dass er blutete. Später reformierte er die Religion, nicht aber die althergebrachten Erziehungsmethoden. Der alte Luther schließlich riet den Eltern, »neben den Apfel die Rute zu legen«.

Selbst im Zeitalter der Aufklärung hielt man an der körperlichen Züchtigung fest. Friedrich der Große etwa wurde vom Vater in einer Weise misshandelt und erniedrigt, die nicht nur den Laisser-faire-Kindern der 68er den Atem stocken lässt. Als Friedrich schließlich selbst das preußische Ruder übernahm und zum »alten Fritz« wurde, pflegte er zwar Umgang mit dem antiautoritär orientierten Voltaire, doch andererseits inszenierte er mit militärischer Gewalt einen derart dumpfen Hörigkeitskult, dass ganz Europa erschauerte.

Die ersten ernstgemeinten Warnungen vor den Folgen einer gewalttätigen Erziehung sprachen Pädagogen und Psychoanalytiker an der Wende vom 19. zum 20. Jahrhundert aus. So argumentierte die schwedische Reformpädagogin Ellen Key, dass Prügelstrafen nicht nur erniedrigend, sondern auch unwirksam seien: »Weder die Scham noch der physische Schmerz haben eine andere Wirkung als eine verhärtende.« Doch das Wimmern und Weinen misshandelter Kinder fand in den Familien noch lange kein Ende.

Es sind nicht nur pädagogische Gründe, die Eltern dazu verleiten, ihre Kinder zu schlagen. Oft entlädt sich auf diese Weise einfach angestauter Frust. Wenn Alkohol dazukommt, sind die Hemmungen noch schneller abgebaut, und die Gewaltbereitschaft steigt. Stalin wurde verdroschen, weil sein saufender Vater ihn für das Kuckucksei eines anderen Mannes hielt. Und im Hause Hitler waren die Peitschenorgien das Produkt eines alkoholisierten Vatergehirns, dem nichts anderes mehr einfiel, um den renitenten Sohn in den Griff zu bekommen.

Dass ein despotischer Vater auch ohne körperliche Gewalt enormen Schaden anrichten kann, erfuhr ein

Mitschüler des jungen Hitler in der Realschule in Linz. Es war Ludwig Wittgenstein, Sohn einer jüdisch-katholischen Industriellenfamilie. Er wurde nicht verprügelt, doch die Gewalt, die er spürte, war nicht weniger grausam. Der Vater war ein Tyrann, der seine Söhne unbedingt in seinem weitgefächerten Industrie- und Finanzimperium installieren wollte. Er baute einen solch extremen psychischen Druck auf, dass die Kinder bis ins Erwachsenenalter davon belastet blieben. Immerhin gingen aus der Familie keine Massenmörder und Diktatoren hervor – dafür aber Selbstmörder und entschiedene Anti-Kapitalisten. Von den fünf Söhnen wählten drei den Freitod; von den verbliebenen zwei wurde einer zum einarmigen Pianisten und der andere zum Philosophen, der sein Erbe verschenkte. Selten ging ein Erziehungsprojekt so daneben wie im Hause Wittgenstein.

Der Stand der gewalttätigen Erziehung heute: In vielen Ländern wie etwa Spanien, Portugal, Holland, Österreich, Polen, Griechenland und in ganz Skandinavien ist sie gesetzlich untersagt. In Schweden, wo das Verbot seit 1979 gilt, ist Gewalt in der Erziehung mittlerweile fast ausgestorben. Was sicherlich auch daran liegt, dass man die Bevölkerung deutlich und flächendeckend auf das Gesetz hingewiesen hat – beispielsweise mit Aufschriften auf der Milchtüte. Ähnlich kreative Kampagnen hat es hierzulande nie gegeben. Deutsche Kinder haben seit dem Jahr 2000 zwar ein verbrieftes »Recht auf gewaltfreie Erziehung«, doch die Realität sieht anders aus. Experten schätzen, dass in Deutschland jedes fünfte Kind immer wieder schwere körperliche Züchtigungen erfährt. Opfer psychischer Gewalt wird es noch viel mehr geben, doch sie lassen sich statistisch nur schwer erfassen.

## Martin Luther: »Man muss Kinder stäupen und strafen«

Doktor Martin Luther liebte es, sich trotz seiner akademischen Weihen als Mann des Volkes zu zeigen. Dazu gehörte, zuzeiten deftige Sprüche abzusondern, wie etwa: »Aus einem verzagten Arsch kommt kein fröhlicher Furz« und »Wer nicht liebt Wein, Weib und Gesang, bleibt ein Narr sein Leben lang«.

Ebenso wichtig war ihm aber auch, dass seine geistigen Qualitäten deutlich zur Geltung kamen. Jeder sollte wissen, dass Martin Luther, obwohl von einfacher Herkunft, imstande war, jeden Akademiker und »Großkopferten« in die Tasche zu stecken: *»Sie sind Doktoren? Ich auch. Sie sind gelehrt? Ich auch. Sie sind Prediger? Ich auch. Sie sind Theologen? Ich auch. Sie sind Disputatoren? Ich auch. Sie sind Philosophen? Ich auch. Sie sind Dialektiker? Ich auch. Sie halten Vorlesungen? Ich auch. Sie schreiben Bücher? Ich auch. Doch ich will mich weiter rühmen: Ich kann Psalmen und Propheten auslegen; das können Sie nicht. Ich kann übersetzen; das können Sie nicht. Ich kann die Heilige Schrift lesen; das können Sie nicht. Ich kann beten; das können Sie nicht. Und dass ich mich zu Ihnen herablasse: Ich kann Ihre eigene Dialektik und Philo-*

*sophie besser als Sie selbst allesamt … In tausend Jahren hat Gott keinem Bischof solche Gaben gegeben wie mir.«*

So spricht niemand, der unter Minderwertigkeitsgefühlen leidet, sondern jemand, der mit breiter Brust durchs Leben geht. Und wenn man dann noch Sätze hört wie »Der Mensch ist zum Arbeiten geboren wie der Vogel zum Fliegen«, dann erweckt das den Eindruck, dass Luther für seine Kenntnisse und Fähigkeiten hart schuften musste und sie nicht einfach in die Wiege gelegt bekam. Bei Tischgesprächen sagte er: »Ich bekenne, dass ich Sohn eines Bauern bin, bin dennoch Doktor der Heiligen Schrift, des Papstes Feind.« So stellte er sich dar, und so wollte er sich sehen: als Mann einfacher Herkunft, der sich emporgearbeitet hatte und jetzt dem höchsten Vertreter Gottes auf Erden die Stirn bot. Das Paradoxe daran: Es war gleichzeitig wahr und erlogen. Denn Luthers Herkunft lag gar nicht so sehr in den Niederungen der sozialen Rangordnung. Und dennoch war seine Kindheit hart, allein schon wegen seiner Eltern.

Martin Luther wurde am 10. November 1483 in Eisleben geboren, als ältestes von mindestens sieben oder sogar neun Kindern (die genaue Zahl ist bis heute ungeklärt). Im Jahr darauf zog die Familie nach Mansfeld, weil der aus einer Bauernfamilie stammende Vater im dortigen Silber- und Kupferbergbau bessere Perspektiven sah. Der Erfolg gab ihm recht: Binnen weniger Jahre arbeitete er sich vom einfachen Hüttenbauer zum Hüttenmeister und Teilhaber von diversen Bergbaugenossenschaften hoch, zeitweise saß er sogar in der Bürgerschaft. Bei seinem Tod 1530 hinterließ er ein Vermögen von 1250 Gulden, was ungefähr dem Wert zweier großer Bauernhöfe entsprach. Die Wahrheit über Martin Luthers Herkunft lautet also, dass zwar sein Vater aus ärmlichen bäuerlichen Verhältnissen stammte, der Reformator selbst jedoch in ein Haus hineingeboren wurde, in dem die Lebensbedingungen sich ständig verbesserten. Als er um 1490 in die Stadtschule kam, gehörte seine Familie zweifelsohne zu den Neureichen des Ortes.

Mutter Margarethe wirkt auf den von ihr angefertigten Porträts ziemlich mitgenommen, was vor dem Hintergrund, dass sie mindestens sieben Kindern geboren und aufgezogen hat, nicht weiter verwundert. Nichtsdestoweniger wurde sie später von Luthers Gegnern als Hure und Bademeisterin diffamiert, ein Vorwurf, der völlig aus der Luft gegriffen war. Tatsächlich war Margarethe eine fromme Frau mit klaren ethischen Prinzipien, die sie kompromisslos durchzusetzen verstand. Weswegen Martin Luther später an seine Kindheit nicht nur rosige Erinnerungen hatte. Er berichtete, dass man ihn »bis zur Verschüchterung« sehr streng und sehr hart erzog: »Die Mutter stäupte mich einmal um einer geringen Nuss willen, dass das Blut danach floss.« Und auch sein Vater betätigte sich im »Stäupen«. Einmal ging es dabei so heftig zu, dass es lange brauchte, »bis er mich wieder zu sich gewöhnt hatte«. Was natürlich die Frage aufwirft, was »stäupen« eigentlich bedeutet.

Mit der ähnlich klingenden Hundekrankheit hat es

jedenfalls nichts zu tun. Es kommt vielmehr von dem westslawischen »staup«, was so viel bedeutet wie Pfahl oder Pfosten. Man kann also schon erahnen, dass es sich hierbei um mehr handelt als eine simple Backpfeife oder einen kräftigen Zug am Ohr. Vielmehr wurde Martin irgendwo festgezurrt oder festgehalten, um dann seine Strafe in Form von Stock- oder Rutenhieben zu kassieren. Stäupen ist eine Methode, die auch im Militär gepflegt wurde und die im Gegensatz zum Spießrutenlaufen als unehrenhaft und besonders erniedrigend galt.

Rückblickend sah Martin seine strenge Erziehung als Hauptursache dafür, dass es ihn später ins Kloster zog. Was ihn aber nicht daran hinderte, Verständnis für seine Eltern zu zeigen: »Aber sie meinten's herzlich gut ... Ein jedes Regiment muss auf den Unterschied der Gaben achten. Man muss Kinder stäupen und strafen, aber gleichwohl soll man sie auch lieb haben.« Luther war zu sehr Kind seiner Zeit, als dass er Prügelstrafen und Erniedrigung als Erziehungsmethoden ernsthaft in Zweifel zog.

Sein Vater Hans war durch die Arbeit im Bergbau und auch durch sein vorübergehendes politisches Engagement so stark beansprucht, dass er persönlich als Erzieher kaum in Erscheinung trat. Aber er hatte klare Vorstellungen, was aus seinem Sohn werden sollte. Nämlich nicht »Vorsteher, Schultheiß oder was sie sonst noch im Dorf haben«, wo Martin selbst seine berufliche Laufbahn sah, sondern Jurist. Der Sohn wurde daher nur an ausgewählte Schulen geschickt.

Ab 1497 besuchte Martin die Domschule in Magdeburg und wohnte in dieser Zeit in einem Schülerheim. Bereits ein Jahr später ging es an die Pfarrschule in Eisenach, dem Geburtsort seiner Mutter. Dort lernte Martin nicht nur Grammatik, Rhetorik und Logik, sondern musste auch begreifen, dass an den sogenannten »besseren Schulen« ähnliche Erziehungsmethoden gepflegt wurden wie zu Hause. Einmal bezog er an einem einzigen Vormittag fünfzehn Mal Schläge, weil er nicht richtig konjugieren und deklinieren konnte – dabei hatte man es ihm noch gar nicht beigebracht.

Für die damalige Zeit waren solche »pädagogischen« Brutalitäten freilich nichts Ungewöhnliches. Der Schulmeister Johann Jacob Häberle brüstete sich seinerzeit damit, während seiner 51-jährigen Amtszeit »911 527 Stockhiebe, 124 000 Peitschenhiebe, 136 715 Schläge mit bloßer Hand und 1 115 800 Ohrfeigen« verteilt zu haben. Und Luther bescheinigte seinen Lehrern, »Einpeitscher« und »grausam wie die Henker« gewesen zu sein. Bei seinen Eltern jedoch durfte er wohl kaum auf Verständnis hoffen, wenn er sich darüber beklagte.

1501 immatrikulierte Luther sich an der Universität Erfurt, um dort schon vier Jahre später seinen Magisterabschluss in die Tasche zu stecken. Offenbar hatte er den geradlinigen Ehrgeiz seines Vaters geerbt: »Wer im zwanzigsten Jahr nicht schön, im dreißigsten Jahr nicht stark, im vierzigsten Jahr nicht klug, im fünfzigsten Jahr nicht reich ist, der darf danach nicht hoffen.« Jetzt, nach dem Abschluss des Studiums der freien Künste, musste er sich für eine höhere Fakultät entscheiden – und er wählte die Rechtswissenschaften. Was natürlich ganz im Sinne des Vaters war, der fortan seinen Sohn und frischgebackenen Magister nicht mehr duzte, sondern mit einem respektvollen »Sie« anredete.

Doch aus der juristischen Karriere wurde nichts. Am 2. Juli 1505 geriet Luther mitten auf dem Lande in ein schweres Gewitter. Seinem Vater erzählte er später, dass dabei unmittelbar neben ihm ein Blitz eingeschlagen sei. Er habe sich daraufhin in Todesangst auf den Boden geworfen und den Schwur geleistet: »Hilf, heilige Anna, ich will ein Mönch werden.« Ob diese Gewitterlegende tatsächlich den wahren Begebenheiten entsprach oder ob er sie benutzte, um seinen strengen Vater nachsichtiger zu stimmen, wird niemals geklärt werden können. Ebenso kann man über die wahren Motive für den plötzlichen Eintritt ins Kloster nur spekulieren.

Bekannt ist allein, dass Martin Luther in dieser Zeit eine schwere Lebenskrise durchmachte. Er hatte sich bei einem der üblichen Studentenscharmützel eine Verletzung am Bein zugezogen und litt nach seiner Magisterprüfung an Depressionen, weil er nicht sicher war, ob Jura das Richtige für ihn war: »Das Studium des Rechts ist schmutzig und gewinnsüchtig, denn sein letzter Zweck ist Geld.« Beim Anblick eines Fürsten, der als Bettelmönch sein Dasein fristete und bis auf Haut und Knochen abgemagert war, fühlte er nicht etwa Mitleid, sondern Scham: »Wer ihn ansah, der schmatzte vor Andacht und musste sich seines weltlichen Standes schämen.«

Sein Vater jedenfalls war entsetzt über Martins Pläne, machte ihm Vorwürfe und gab sogleich das hochachtungsvolle »Sie« in der Anrede wieder auf. Er brach sogar den Kontakt zu ihm ab und ließ sich erst wieder blicken, als sein Sohn die Priesterweihe erhalten hatte. Dann allerdings schien der Vater sogar ein bisschen stolz zu sein, denn immerhin bezahlte er ein großzügiges Fest. Was ihn aber nicht davon abhielt, seinem Sohn immer wieder Vorwürfe wegen seines Eigensinns zu machen.

Die Zeit im Kloster der Augustiner-Eremiten in Erfurt wurde für Martin Luther zur Tortur. Nicht etwa, dass die Keuschheit ihm schwergefallen wäre (»Als Mönch habe ich nicht viel Begierde gespürt. Die Weiber schaute ich nicht einmal an, wenn sie beichteten.«). Nein, er wurde vielmehr von Selbstzweifeln und Gewissensbissen zerfressen. Dieser strafende und zürnende Gott, der ihm da in den Klosterwänden immerzu präsentiert wurde – war das wirklich der wahre Gott? Luther verfluchte sich für diesen ketzerischen Gedanken und zermarterte sich das Hirn. Schließlich glaubte er sogar, der Teufel wäre in ihn gefahren. In einem Anfall schrie er nach seiner ersten Messe: »Ich bin kein Besessener!« Später gab er den ständigen Einschüchterungen und Fegefeuerdrohungen der katholischen Kirche die Schuld an seinen Krisen. Die protestantische Bewegung nahm diese Sichtweise nur allzu dankbar auf, weil sie die Legende untermauerte, dass ihr Gründer erst nach schwersten inneren Kämpfen dazu kam, sich von Papst und Katholizismus loszusagen.

Der dänische Psychoanalytiker Paul Reiter vermutet

freilich, dass Luther innerhalb der Klostermauern eine ausgewachsene Psychose entwickelte. Vorboten in Form gelegentlicher Realitätsverluste seien schon vorher da gewesen, wie etwa bei dem angeblich so einschneidenden Gewittererlebnis. Gespeist worden sei diese Psychose aus seinem Vaterkomplex: »Luther hat den Vater im Grunde immer als einen schweren drohenden Schatten empfunden«, erklärt Reiter. Die düsteren Bedingungen des Elternhauses hätten weitaus größeren Einfluss auf den jungen, nicht einmal fünfundzwanzig Jahre alten Kirchennovizen gehabt als die marode Situation der Kirche in der damaligen Zeit. Denn der Papst war weit weg; im eremitischen Klosterleben bekam man vom real existierenden Katholizismus nicht viel mit.

Folgt man der These Reiters, so bekommt natürlich auch Luthers Abkehr vom strafenden Gott der Katholiken ein neues Gesicht. Sie erscheint dann eher als versteckte Abkehr vom zürnenden und strafenden Vater. Wenn Luther sich die Frage stellt: »Wie bekomme ich einen gnädigen Gott?«, fragt er eigentlich: »Wie bekomme ich einen gnädigen Vater?« Das neue Gottbild des Protestantismus wäre nach dieser Interpretation nichts anderes als die Korrektur oder gar das Idealbild, das der psychotische Martin Luther von seinem Vater entwarf.

Das ist natürlich nicht gerade das, was man als gläubiger Mensch über sein geistiges Vorbild hören will. Doch Luthers Verdienste werden keinesfalls geschmälert, wenn man sie aus seiner Psychose und dem Vaterkomplex ableitet. Im Gegenteil! Es ist nicht ungewöhnlich, dass geistige Revolutionen von Psychotikern ausgelöst werden. Denn diese haben nun einmal stärkere Visionen als andere Menschen – und einen größeren Mut, alte Zöpfe abzuschneiden und neue Wege zu gehen. Das war schon bei Moses so, der aus einem brennenden Busch die Befehle seines Gottes hörte, und es reicht weiter bis zu Isaac Newton und Albert Einstein. Außerdem ist es letzten Endes egal, aus welchem Antrieb große Taten entstehen – Hauptsache ist nur, dass sie geschehen.

Und groß waren sie zweifelsohne, die Taten des Martin Luther. Am 31. Oktober 1517 erschienen in Wittenberg seine fünfundneunzig Thesen, in denen er eine grundlegende Reform der gesamten Kirche an »Haupt und Gliedern« forderte. Sie sollte kommen, diese Reform, allerdings musste Luther bis dahin noch einiges durchstehen. Anfang 1521 wurde er exkommuniziert, etwas später traf ihn die Reichsacht: Jetzt hätte man ihn töten können, ohne bestraft zu werden. Doch Friedrich der Weise, sächsischer Kurfürst und ein Förderer Luthers, verfrachtete den Geächteten auf die Wartburg bei Eisenach. Dort schaffte er es, einquartiert unter dem Decknamen »Junker Jörg«, binnen elf Wochen das Neue Testament ins Deutsche zu übersetzen.

In seiner Zeit als Junker verfasste Luther auch die Schrift *De votis monasticis iudicium*, wo er nach subjektiven und objektiven Gründen suchte, weshalb ein Mensch zum Mönch werden könnte. Es war mehr al nur eine systematische Auseinandersetz Mönchsgelübde, es war auch eine persönli tigung des eigenen Lebensweges. Der Reformator stellte seiner Abhandlung eine Widmung voran – adressiert an den Vater. Doch er schrieb den gesamten Text auf Lateinisch. Und das konnte Hans Luther gar nicht lesen.

## Friedrich der Große: Verdammt zu Preußens Glorie

Jeder kennt den Begriff »deutsche Tugenden«, und jeder kennt auch ihre ursprüngliche Version, die »preußischen Tugenden«. Doch was bedeuten sie eigentlich? Man denkt an Fleiß und Pflichterfüllung, Ordnungssinn und Sparsamkeit, Disziplin und Zuverlässigkeit, vielleicht noch an Präzision und Pünktlichkeit. In jedem Fall steht das »Preußische« nicht gerade für Spaß und Lust, für Empfindsamkeit und den Sinn fürs Schöne. Denken wir an den »typischen Preußen«, dann fallen uns Persönlichkeiten ein wie Immanuel Kant. Der Königsberger Philosoph tat jeden Tag das Gleiche und ging auch immer zur gleichen Zeit spazieren: Wenn er an der Kirchturmuhr auftauchte und dabei eine Minute von seiner sonst üblichen Zeit abwich, wussten die Königsberger, dass nicht etwa der Philosoph unpünktlich war, sondern die Uhr nachgestellt werden musste.

Ebenfalls ein typischer Preuße: Friedrich Wilhelm I., der als »Soldatenkönig« in die Geschichte einging. Unter seiner Herrschaft gab es keinen Prunk, es existierte nichts, das irgendwie nach Luxus aussah. Er selbst kleidete sich in schmuckloser Offiziersuniform und pflegte kaum einen Zeitvertreib. Wenn er sich zerstreuen wollte, ging er allenfalls jagen oder trank ein Bier in geselliger Männerrunde. Als ein Besucher ins wilhelminische Berlin kam, notierte er verdutzt: »Ich sehe hier einen königlichen Hof, der nichts Glänzendes und nichts Prächtiges als seine Soldaten hat … Hier ist die Hohe Schule der Ordnung und der Haushaltskunst, wo Große und Kleine sich nach dem Exempel ihres Oberhaupts mustern lassen.«

Auch der Sohn des Soldatenkönigs gehört zu den weithin bekannten Fixpunkten der preußischen Geschichte: Friedrich der Große. Wir kennen ihn als »alten Fritz«, der sich mit Maria Theresia anlegte, als großer Feldherr glänzte und immer gut war für einen kernig-pragmatischen Spruch, wie etwa: »Unsern Dünkel müssen wir verlieren; wir sollen handeln, nicht philosophieren.« Typisch preußisch eben. Doch sein Naturell war eigentlich ganz anders. In seiner Jugend war er eher unpreußisch, nämlich von großer Sensibilität und mit einem ausgeprägten Sinn fürs Schöne. Doch er durfte diesen Wesenszug nicht ausleben. Selten betrat in der Weltgeschichte ein Herrscher die Bühne, der in Kindheit und Jugend so zurechtgestutzt und zerbrochen wurde wie Friedrich der Große.

Eigentlich war der kleine Fritz für die Thronfolge gar nicht vorgesehen, weil noch zwei ältere Brüder in der Rangfolge vor ihm standen. Doch beide waren kurz nach der Geburt gestorben, und in Preußen ging das Gerücht, dass die Krone, die man den Babys zum Zeichen künftiger Würde aufgesetzt hatte, ihnen den Schädel eingedrückt hätte. Das stimmte natürlich nicht, doch es zeigt, was man im Volk von der Thronfolge hielt: dass sie nämlich für die meisten eine unerträgliche Bürde war.

Für Friedrichs Vater, Friedrich Wilhelm I., war das Amt hingegen keine Last, sondern eine echte Erfüllung. In ihm konnte er ungehemmt seine militärischen Phantasien ausleben. Zwischen 1713 und 1740 erweiterte er das stehende Heer von 40 000 auf über 82 000 Mann, womit fast vier Prozent seines Volkes beim Militär waren. Besonderes Augenmerk legte er auf sein persönliches Regiment in Potsdam, in das nur Männer über 1,88 Meter Körpergröße aufgenommen wurden: die legendären »langen Kerls«. Solche Maße waren damals ausgesprochen selten, man musste viel Geld hinblättern, um die Langen zu bekommen, später importierte man sie sogar für jeweils dreitausend Taler aus dem Ausland. Von diesem Geld hätte man damals drei Jahre lang das Auskommen einer mehrköpfigen Familie bestreiten können.

Als der kleine Fritz am 24. Januar 1712 im Berliner Stadtschloss zur Welt kam, gehörte auch er zu einer mehrköpfigen Familie. Doch es war keine glückliche Familie. Die Ehe von Friedrich Wilhelm und seiner Gattin Sophie Dorothea war am Ende, sie begegneten sich nur noch mit abgrundtiefem Hass. Die stolze Welfin aus dem Hause Hannover hatte sich ihr Leben anders vorgestellt, als an der Seite eines diensteifrigen Soldatenkönigs zur Gebärmaschine degradiert zu werden. Vierzehn Kinder gebar sie ihm – und er gab unumwunden zu: »Das schönste Mädchen, das man mir verschaffte, wäre mir gleichgültig. Aber Soldaten, das ist meine Schwäche, damit kann man mich so weit bringen, wie man will.« Die beiden passten einfach nicht zusammen, doch scheiden lassen konnten sie sich nicht. Was folgte, war ein Rosenkrieg.

Ihr Sohn Friedrich wurde zum Gegenstand dieses Krieges. Der Vater wollte aus ihm den Vorzeigepreußen schlechthin machen, die Mutter hingegen hatte sich für ihn eine Ausbildung zum kulturbeflissenen Höfling ausgemalt, im Stile der französischen Monarchie, in der man auf aristokratische Manieren statt auf herrischen Kasernenton setzte. Ob sie es dabei wirklich gut mit ihrem Sohn meinte, ist fraglich. Wahrscheinlich wollte Sophie ihn eher als Rache für ihr eigenes Unglück instrumentalisieren.

Naturgemäß hatte der Vater zunächst die besseren Karten im Erziehungspoker, denn immerhin war er ja das Familienoberhaupt. Er sorgte dafür, dass Mutter und Sohn so oft wie möglich voneinander getrennt waren, und bestimmte selbst jedes Detail in der Erziehung seines Sohnes, vom Wortlaut des Morgengebets über die Körperpflege, Kleidung und Ernährung bis hin zum Inhalt des Unterrichts, der vor allem strategisch-militärische Inhalte haben sollte. Ein General und ein Obrist kontrollierten permanent, ob alles glattlief, und falls Fritz einmal etwas nicht kapierte, gab es Schläge und er musste am Nachmittag »alles repetieren, was er in den vorigen Tagen vergessen hat«.

Doch ohne dass der König es bemerkte, wurde seine Erziehungsstrategie von Anfang an unterlaufen: Fritz war immer umgeben von seiner älteren Schwester Wilhelmine – und die war nicht nur listig und frühreif, sondern fungierte auch als verlängerter Arm der Königin. Sie war es, die Friedrich auf die schönen Dinge des Lebens eichte.

Zudem machte der Vater den Fehler, den Unterricht an einen Hugenotten namens Jacques Egide Duhan zu delegieren. Friedrich Wilhelm hatte ihn geholt, weil er ihn an der Front als tapferen Soldaten kennengelernt hatte. Doch Duhan war weit mehr als das, er verfügte auch über eine überragende Bildung – und an der wollte er den kleinen Fritz unbedingt Anteil haben lassen. Er lehrte ihn Latein, Geschichte und Literatur. So lange, bis dem König diese ungeheuerliche Abweichung vom Lehrplan auffiel und er den Hugenotten eigenhändig verprügelte und mit Fußtritten aus dem Schulzimmer beförderte. Unmittelbar danach kümmerte er sich genauso eigenhändig um seinen Sohn: »Ich sehe meinen Vater nach vollbrachter Hinausbeförderung auf mich zukommen – ich zittere noch mehr; er packt mich bei den Haaren, zieht mich unter dem Tische hervor, schleppt mich so bis in die Mitte des Zimmers und versetzt mir endlich ein paar Ohrfeigen.«

Friedrich hatte aber längst Feuer gefangen. Er wollte das Begonnene fortsetzen und spielte deshalb fortan lieber mit verdeckten Karten – er wurde regelrecht zum Meister des Verstellens. Nach außen gab er den folgsamen Preußensohn, doch heimlich widmete er sich den Sprachen und der Literatur. Als Sechzehnjähriger hörte er ein Konzert des Flötisten Johann Joachim Quantz, das ihn so begeisterte, dass er selbst mit dem Flötenspiel anfangen wollte. Der Vater kanzelte diesen Wunsch erwartungsgemäß als »weibisch« ab und verspottete seinen Sohn als »Querpfeifer und Poeten«. Also ließ sich Friedrich heimlich von Quantz unterrichten. Ein ungemein schwieriges Unterfangen, weil der misstrauische König seinen Sohn ständig kontrollierte. Einmal musste sich Quantz sogar im Schrank vor ihm verstecken.

Trotz aller Geheimniskrämerei spürte der König, dass Friedrich so ganz anders war als er selbst. Er reagierte darauf mit heftigen Vorwürfen und Prügelszenen, und als sein Sohn sich nicht dagegen wehrte, verhöhnte er ihn sogar noch: »Wenn mein Vater mich so behandelt hätte, so hätte ich mich längst umgebracht. Aber du hast keinen Mut und bist ein bloßer Schurke.« Für Friedrich wurde das Leben immer unerträglicher. Seiner Schwester schrieb er: »Ich bin dessen so müde, dass ich lieber um mein Brot betteln möchte, als in diesem Zustand weiterzuleben.«

Vielleicht spürte der König diese Verzweiflung, vielleicht wollte er aber auch nur eine neue Strategie ausprobieren, so wie es Generäle ja gelegentlich tun. Jedenfalls ging er dazu über, neben seinen Peitschenkaskaden auch winzige Zuckerbrotkrümel auszugeben und ein paar kleine Annehmlichkeiten in das Leben seines Sohnes einzustreuen. So nahm er ihn gelegentlich auf festliche Anlässe mit, beispielsweise auf einen Empfang von August dem Starken, der in Dresden einen wahrhaft königlichen Lebensstil pflegte. Es gab Kunst, Musik, Ballett, Theater, mehr oder weniger geistreiche Gespräche – und reichlich schöne Frauen. Während Friedrich sich mitten ins Getümmel warf und alles in sich aufsog, machte sich sein Vater zum Gespött: Ihm platzte die Ballhose – und er hatte noch nicht einmal Ersatz dabei. Doch dies blieb nicht die einzige Blamage an diesem Tag. Als August seine Gäste durch seine Gemächer führte, öffnete sich plötzlich ein Vorhang, und die Anwesenden erblickten ein Bett, auf dem sich eine Frau räkelte, die nicht nur schön war, sondern auch kaum Kleider am Körper trug: Gräfin Formera, die Mätresse des »Starken«. Friedrich Wilhelm war geschockt, aber reaktionsschnell genug, um seinen Hut vom Kopf zu reißen und ihn vor die Augen seines Sohnes zu halten. Zu spät! Der Sechzehnjährige hatte offenbar genug gesehen. Seine Schwester Wilhelmine erzählte später, dass er die Gunst der Stunde nutzte und sich, als sein Vater endlich schlief, von der Gräfin in die Kunst des Liebens einweihen ließ.

Der König tobte, das Zuckerbrot wurde wieder aus dem Thronfolger-Aufzuchtprogramm gestrichen. Friedrich suchte daraufhin die Nähe zu Leutnant Hans Hermann von Katte. Sie hatten sich beim Privatunterricht kennengelernt und Freundschaft geschlossen. Es verband sie die Leidenschaft für Musik und Poesie, außerdem faszinierte den Prinzen die Weltgewandtheit des neun Jahre älteren Katte. Dieser stammte zwar aus einer Soldatenfamilie, hatte aber auch in Königsberg und Utrecht studiert, zudem hatte man ihn auf eine ausgiebige »Kavaliersreise« durch Europa geschickt, um sich aus dem »Buch des Lebens« zu bedienen. Möglich, dass die beiden ein homosexuelles Verhältnis unterhielten, wie von einigen Biographen behauptet wird. Dagegen spricht, dass sich Katte um Friedrichs Schwester Wilhelmine bemühte. Doch diese konnte sich nicht für ihn erwärmen, schon allein aus ästhetischen Gründen lehnte sie ihn ab: »Sein Gesicht war mehr abstoßend als einnehmend; ein Paar schwarze Augenbrauen hingen ihm fast über die Augen. Sein Blick hatte etwas Unheimliches, etwas, was ihm sein Schicksal prophezeite.«

Im Frühjahr 1730 vertraute Friedrich Katte an, dass er es nicht mehr beim Vater aushalte und reif sei für die Flucht. Er bat den Freund um Hilfe. Doch der welterfahrene Leutnant riet ab. Eine Flucht sei zu gefährlich, außerdem würde Friedrich seine Ansprüche auf den Thron verlieren. Doch das war dem Prinzen mittlerweile egal. Er wollte nur noch weg, zur Not auch allein. Katte sah, wie verzweifelt sein Freund war – und sagte ihm schließlich seine Hilfe zu.

Der Leutnant organisierte die Flucht bis ins kleinste Detail, sorgte auch dafür, dass genug Geld für das Unternehmen zur Verfügung stand. Doch sie rechneten beide nicht damit, dass der König mittlerweile so misstrauisch war, dass er jeden Briefwechsel und jede Reise seines Sohnes heimlich überwachen ließ. Überdies gerieten noch einige Briefe versehentlich in die falschen Hände. Die Fluchtpläne flogen auf. Katte und Friedrich wurden verhaftet und im Oktober 1730 vor das Kriegsgericht in Köpenick gestellt.

Die Richter erklärten sich für nicht zuständig, was die Bestrafung des Kronprinzen anging, aber den gewöhnlichen Soldaten Katte verurteilten sie zu lebenslanger Kerkerhaft. Für Friedrich Wilhelm war das jedoch nicht hart genug, und als König durfte er den Richterspruch durchaus abändern. Also verwandelte er Kattes lebenslange Haft in ein Todesurteil – als einzige Gnade gewährte er, dass der Verurteilte mit dem Schwert enthauptet wurde und ihm dadurch das entwürdigende Baumeln am Galgen erspart blieb.

Die Hinrichtung erfolgte am 6. November 1730. Friedrich wurde von seinem Vater gezwungen, dem Spektakel beizuwohnen. Man kann sich leicht vorstellen, wie dieses Erlebnis seine ohnehin schon malträtierte Seele für immer gefrieren ließ.

Der Prinz beschloss, sich fortan nicht mehr aufzulehnen und keine neuen Fluchtpläne zu schmieden. Er wollte nur noch abwarten, bis sein Vater, der gesundheitlich angeschlagen war, abdankte. Für dieses Ziel inszenierte er sogar seine eigene Demütigung: Ein Jahr nach der Katte-Tragödie nutzte er einen öffentlichen Auftritt der Königsfamilie dazu, sich seinem Vater vor die Füße zu werfen und ihm die Stiefel zu küssen. Nicht, weil er sich ihm wirklich unterordnen wollte, sondern weil er genau wusste, dass der König in diesem Moment, wo alle zuschauten, quasi gezwungen war, seinem Sohn die Geste der Versöhnung zu schenken. Und in der Tat: Friedrich Wilhelm nahm den Reumütigen in die Arme und verkündete feierlich, dass er ihm vergeben habe. Das war genauso gelogen wie der Kniefall zuvor.

Ein weiteres Jahr später heiratete Friedrich die siebzehnjährige Elisabeth Christine von Braunschweig-Wolfenbüttel-Bevern – auch das nicht etwa aus Überzeugung, sondern weil es ihm seine Thronfolgeansprüche sicherte. Die Ehe blieb kinderlos, aber man brach auch nicht in Hass gegeneinander aus, wie Friedrich es bei seinen Eltern miterlebt hatte. Im Krieg wurden sie einmal für sechs Jahre voneinander getrennt – als sie sich dann wiedersahen, begrüßte er seine Gemahlin mit den Worten: »Madame sind korpulenter geworden.«

Friedrich wurde immer verschlossener, ließ niemanden mehr an sich heran, und niemand wusste, wo er einzuordnen war, für welche Werte er eigentlich stand. Bei seiner Thronbesteigung am 31. Mai 1740 bekam Preußen einen König, der innerlich kalt war wie Stahl und zweigesichtig wie ein Januskopf.

So schaffte er umgehend die Folter ab, setzte sich für religiöse und politische Minderheiten ein und ließ keine Leibeigenschaft mehr zu. Er ließ Schulen bauen und pflegte den Kontakt zu dem Philosophen Voltaire, um etwas vom Geist der Aufklärung nach Preußen zu holen. Kein Zweifel: Dieser Friedrich wollte es entschieden anders machen als sein Vater.

Es gab aber auch noch den anderen Friedrich, jenen nämlich, der seinem preußischen Vater-Ich gehorchte. Dazu gehörte beispielsweise, die Intelligenz im Schnellverfahren abzuwickeln, sofern sie unbequem oder suspekt wurde. Das Verhältnis zu Voltaire etwa endete damit, dass dessen Bücher verbrannt wurden und der Philosoph selbst in Arrest kam.

In militärischen Angelegenheiten wollte Friedrich seinen Vater sogar übertrumpfen. Denn der Soldatenkönig hatte zwar ein gigantisches Heer begründet, es aber nur äußerst selten und widerwillig in den Krieg geschickt – seinen einzigen Feldzug hatte er im Großen Nordischen Krieg geführt, dessen Verwicklungen er von seinem Vorgänger hinterlassen bekommen hatte, und auch hier hatte er zunächst versucht, sich herauszuhalten – ein »Versäumnis«, das sein Sohn gründlich wettmachte. Aus den teuren, aber verschlafenen Reserveeinheiten wurden unter Friedrichs Kommando Bluthunde, die ihre Kosten gefälligst selbst wieder einspielen sollten. Schon bald mussten sie sich in zwei Kriegen behaupten, in denen ihr oberster Feldherr vor allem dadurch brillierte, dass er seine Bündnispartner betrog. Ansonsten betrieb Friedrich in strategischer Hinsicht das »Alles-oder-nichts-Prinzip«, das ihm einerseits triumphale Siege, andererseits aber auch vernichtende Niederlagen mit hohen Verlusten einbrachte.

1756 entfachte Friedrich den Siebenjährigen Krieg, indem er präventiv in Sachsen einmarschierte, bevor es die anderen, also Österreich und die übrigen europäischen Großmächte, tun konnten. Sein Vorstoß endete im militärischen Desaster. Der Preuße kam nur deshalb mit heiler Haut davon, weil die gegnerischen Alliierten darauf verzichteten, ihm und seinem Heer den Garaus zu machen. Er bezeichnete dies später als »Mirakel« – und gab dadurch indirekt zu verstehen, dass er, wenn er an der Stelle seiner Gegner gewesen wäre, den Feind vernichtet hätte.

Die ständigen Kriege zehrten an seinen Kräften. Der »alte Fritz« starb am 17. August 1786 als verbitterter Zyniker. Dass man ihn als »Friedrich den Großen« verklärte, ändert nichts an der Tatsache, dass von dem Mann mit den zwei Gesichtern am Ende nur die harte, am Vater orientierte Seite übriggeblieben war. Sein lyrisches und musikalisches Alter Ego sowie seine liberalen und aufklärerischen Ideale waren auf der Strecke geblieben. Er hatte also all das in sich getötet, was sein Vater nicht auszulöschen vermocht hatte.

Friedrich hatte keine Kinder, also ging der Thron an seinen Neffen, Friedrich Wilhelm II. Er wurde später im Volk »der dicke Lüderjahn« genannt, weil er ebenso fett wie unfähig war. Seine erste Amtshandlung bestand darin, den letzten Wunsch seines Onkels zu missachten. Friedrich hatte nämlich vorgesehen, dass man ihn auf der Terrasse von Schloss Sanssouci neben seinen Hunden beerdigt. Stattdessen wurde er in der Familiengruft bestattet – direkt neben seinem Vater.

## Josef Stalin: Vom kleinen Sosselo
## zum Massenmörder

Im Dezember 1922 wusste Lenin: Die Zeit wird knapp. Nach mehreren Schlaganfällen hatte er sich aus dem politischen Geschäft zurückziehen müssen, der Tod wartete schon auf ihn. Es galt nun, für seine Nachfolge und die Zukunft seines Landes vorzusorgen. Doch das, was er sah, stimmte ihn wenig optimistisch. Denn die Richtung der kommunistischen Bewegung wurde immer mehr von einem Mann aus Georgien bestimmt, den man seit einigen Jahren nur noch »Stalin« nannte: den »Stählernen«. Seine Gegner hielten ihn für »mittelmäßig« und »linkisch« – und daher für ungefährlich. Leo Trotzki etwa sagte: »Kalte Bosheit genügt nicht, um die Seele der Massen zu erobern.«

Doch Lenin wusste es besser. Er warnte vor Stalins »Grobheiten« und empfahl dringend, dass jemand anderes Generalsekretär der Kommunisten werden sollte, jemand, der »toleranter, loyaler, höflicher und weniger launenhaft« sei. Auf den ersten Blick erschienen diese Merkmale zwar als Kleinigkeiten, doch sie könnten, wie Lenin betonte, »eine entscheidende Bedeutung gewinnen«. Damit hatte er zweifelsohne recht. Auch wenn er nicht annähernd ahnte, welche Ausmaße das stalinistische Regime annehmen würde.

Lenin starb im Januar 1924. Drei Jahre später war Stalin bereits an der Macht: Durch geschicktes innerparteiliches Taktieren und das entschiedene Ausmerzen der

Kontrahenten hatte er sich zum Alleinherrscher der Kommunisten und damit der Sowjetunion emporgeschwungen. Er ließ sich »Führer« nennen und forderte eine »Verschärfung des Klassenkampfes«, womit nichts anderes gemeint war, als dass jetzt Blut fließen musste, um die marxistische Idee endlich durchzusetzen. Stalin enteignete die Bauern und brachte dadurch eine verheerende Hungersnot über sein Land, in einigen Gegenden brach sogar der Kannibalismus aus. Mehrere Millionen Menschen verendeten jämmerlich, und bei den Überlebenden wurden politische »Säuberungsaktionen« vollstreckt, denen allein zwischen September 1936 und Dezember 1938 etwa 1,5 Millionen Menschen zum Opfer fielen. Insgesamt produzierte sein Terror mindestens sieben Millionen Tote.

Wissenschaftler diskutieren noch heute, ob dieser Vernichtungsmarathon einen rationalen Hintergrund hatte, also tatsächlich dem Machterhalt des Diktators diente, oder ob er lediglich seinem Verfolgungswahn entsprang. Eine müßige Diskussion. Denn egal, ob er nun wahnsinnig oder kalt berechnend oder sogar beides zusammen war (Paranoia und Rationalität müssen kein Widerspruch sein), Stalin avancierte zu einem der größten Tyrannen und Menschenschlächter, die es je gegeben hat. Der Keim dafür wurde in seiner Kindheit gelegt.

Stalin kam am 18. Dezember 1878 als Josef Wissarionowitsch Dschugaschwili in Georgien zur Welt, in einer kleinen Stadt namens Gori. Seine Eltern lebten im

Wohlstand, denn Vater Besso war ein geschäftstüchtiger Schuster, der eine eigene Schuhfabrik mit etwa zehn Angestellten unterhielt. Der Vater war zwar von kleinem Wuchs, sah aber ansonsten gut aus und sprach neben Russisch auch noch Türkisch und Armenisch, so dass nicht wenige Frauen neidisch gewesen waren, als er im Mai 1872 die elegante Keke geheiratet hatte.

»Sosso« oder »Sosselo«, wie Stalin in seiner Kindheit genannt wurde, wurde also in gutsituierte Verhältnisse hineingeboren. Mit dem pfiffigen Besso und der schönen Keke als Eltern schien er für georgische Verhältnisse, die sich auch damals schon durch bittere Armut auszeichneten, das Glück geradezu gepachtet zu haben. »Sie lebten besser als jeder andere in unserem Beruf«, erinnerte sich später einer der Lehrlinge in dem Schuhmacherbetrieb. »Sie hatten immer Butter im Haus.« In dieser Zeit hätte sich wohl niemand vorstellen können, dass aus dem zierlichen Josef einmal ein Bankräuber, Kinderschänder, Terrorist und Diktator werden würde.

Aber das Glück der Familie war trügerisch. Die Mutter hatte vor Josef bereits zwei Jungen zur Welt gebracht, doch beide waren kurz nach der Geburt gestorben. Vater Besso verfiel daraufhin mehr und mehr dem Alkohol, und es kursierten Gerüchte, dass seine Frau diverse Liebhaber gehabt habe. Was davon der Wahrheit entspricht und was eher als neidischer Weiberklatsch einzuordnen ist, wird man nicht mehr klären können. In jedem Fall aber war die Ehe zwischen Besso und Keke alles andere als mustergültig.

Nichtsdestotrotz führte ihr Sohn zunächst das Leben eines Einzelkindes, das von seiner Mutter ebenso abgöttisch geliebt wie verwöhnt wurde. Kaum jemand setzte ihm Grenzen. Bei einer Hochzeit ging der Junge zur Braut, um ihr die Blume vom Schleier zu reißen. Die Mutter wollte ihn zurechtweisen, doch sein Patenonkel küsste dem jungen Rüpel auf die Stirn und sagte: »Wenn du jetzt schon die Braut stehlen willst, dann weiß Gott, was du tun wirst, wenn du älter wirst.«

Josef bekam zunehmend das Gefühl, etwas Besonderes zu sein. Er wusste nicht, dass die Zuneigung seiner Mutter vor allem daraus resultierte, dass sie bereits zwei Söhne verloren hatte. Er genoss einfach, dass sie alles für ihn tat. Sein Selbstbewusstsein wuchs und steigerte sich schließlich in einen gebieterischen Egoismus. Umso härter traf es ihn, als sein Vater ihn plötzlich zu schlagen begann.

Mit Bessos Sauferei wurde es nämlich immer schlimmer. Nicht nur, dass der frustrierte Vater bereits zwei Kinder beerdigt hatte, jetzt kamen ihm auch noch die Gerüchte über das außereheliche Liebesleben seiner Frau zu Ohren. In dieser Gerüchteküche wurden natürlich auch Spekulationen darüber ausgekocht, ob Josef möglicherweise einen anderen leiblichen Vater haben könnte als Besso. Als besonders heißer Kandidat galt neben dem Polizeichef der Stadt der Priester, den Keke in den Monaten vor Josefs Geburt auffallend oft besucht hatte. Vermutlich hatte sie dort nur um Segen für ihr kommendes Kind gebetet, doch für diese naheliegende

Erklärung hatte Besso kein offenes Ohr. Zu weit war er in seiner rasenden Eifersucht schon von der Realität entfernt. Er sah sich als gehörnter Ehemann, dem die Hörner zudem noch von einem Geistlichen aufgesetzt wurden, der eigentlich beim Werben um eine Frau überhaupt keine Konkurrenz sein durfte – eine Vorstellung, die einen Mann wie Besso, tief verwurzelt in der patriarchalischen Tradition Georgiens, extrem hart treffen musste. Aus dem erfolgreichen Schuster wurde ein aggressiver Säufer, der seinen Zorn zunehmend gegen das angebliche Kuckucksei in seinem Haus richtete.

Josef hatte vor allem zu leiden, wenn sein Vater volltrunken nach Hause kam. Dann setzte es Prügel, ohne Ankündigung und ohne Grund. Einmal wurde der Vierjährige so heftig zu Boden geschleudert, dass er tagelang Blut im Urin hatte. Er versuchte, sich zu verstecken: zunächst im eigenen Haus; später flüchtete er zu den Nachbarn. Der Vater polterte daraufhin durch die Zimmer und krakeelte: »Wo ist Kekes kleiner Bastard? Vielleicht unter dem Bett?«

Der Vater misshandelte nicht nur seinen Sohn, sondern auch seine Frau. Einmal konnte nur ein Polizist verhindern, dass er sie erwürgte. Ein anderes Mal warf Josef ein Messer nach seinem Vater, um seine Mutter zu schützen. Doch man darf daraus nicht vorschnell den Schluss ziehen, dass Mutter und Sohn eine Einheit gebildet und sich gegen den Vater verschworen hätten. Josef lernte vielmehr aus den väterlichen Prügelorgien, dass man eine Frau durchaus respektlos behandeln kann. Er wurde seiner Mutter gegenüber immer aufmüpfiger – mit der Folge, dass auch sie ihn zu verprügeln begann. Viele Jahre später, aus dem kleinen Sosso war schon längst der große Stalin geworden, fragte er sie, warum sie ihn eigentlich so oft verdroschen habe. Sie erwiderte trocken: »Es hat dir jedenfalls nicht geschadet.«

Tatsächlich aber waren die Schäden an der Psyche des Jungen immens. Ein Schulkamerad konstatierte: »Unverdiente Prügel ließen Sosso so hart und herzlos werden wie seinen Vater ... Dadurch lernte er, Menschen zu hassen.« Stalins Verhältnis zur Gewalt wurde aber nicht nur von den elterlichen Prügeleien bestimmt, die den Jungen traumatisierten. Er wuchs in einer regelrechten »Gewaltkultur« heran: Der Vater verprügelte Ehefrau und Sohn, weil er sich betrogen fühlte; der Sohn warf mit Messern, um die Mutter zu verteidigen, wurde aber auch wiederum von ihr verdroschen, weil er sich ungehörig verhielt. Josef lernte auf diese Weise, dass Gewalt eine probate Antwort auf Anmaßung, Demütigung und ungerechtfertigte Übergriffe war. Sie war kein Übel, sondern ein Mittel, zu dem man kurzerhand greifen durfte, wenn man etwas auszufechten hatte. Gewalt war so gesehen ein ganz und gar legitimer Ausdruck der zwischenmenschlichen Kommunikation – und der Selbstverteidigung.

Die Gewaltexzesse des späteren Stalin verwundern daher nicht. Vom Beginn seines Aufstiegs bis zum Höhepunkt seiner Macht griff er immer wieder auf brutalste Maßnahmen zurück. Er setzte sie ganz bewusst als »heilige Sense der Geschichte« ein und gebrauchte sie als Instrument, um andere Menschen zu führen. Im Unterschied zu Lenin und Trotzki war Stalin felsenfest davon überzeugt, dass eine Revolution nur dann Aussicht auf Erfolg hatte, wenn sie besonders blutig verlief. Wie in Frankreich eben, und so nun auch in Russland. Stalin sah in der Gewalt nicht etwa ein notwendiges Übel, sondern ein wertvolles Instrument der politischen Erziehung. Als die Kosaken des Zaren ihre Riemenpeitschen gegen die Kommunisten zückten, bemerkte er nur: »Sie haben uns durch deren Hiebe einen großen Dienst erwiesen.« Denn dieser Ausbruch der Gewalt habe die Solidarität unter den Aufständischen gefördert.

Ab 1884 ging es mit dem Schuhmacherbetrieb des Vaters in zunehmendem Tempo bergab. Besso überließ das Arbeiten überwiegend Lehrlingen, weil ihm das Geld für qualifizierte Schuster fehlte und er selbst wegen seiner Trunksucht kaum noch arbeiten konnte. Trotzdem bestand er darauf, Josef ins Schusterhandwerk einzuweisen, wohlgemerkt gegen den Willen von Mutter und Sohn. Josef begann sich zunehmend in die Phantasiewelt der Literatur zu flüchten.

Die »Rettung« vor dem ungeliebten Berufsweg kam in Gestalt einer Pockenepidemie. Sie wütete heftig und traf auch das Haus der Dschugaschwilis: Josef wurde krank und konnte die Schusterlehre nicht fortsetzen. Die Mutter bangte, auch ihren dritten Sohn früh zu verlieren. Doch dieser überlebte. Die Pockennarben allerdings sollte er sein ganzes Leben behalten. Die Mutter war außer sich vor Freude, doch ihr Glück währte nicht lange.

Der Vater eröffnete ihr, dass er die Familie verlassen würde. Mit finanzieller Unterstützung von ihm sei nicht zu rechnen.

Zwar kehrte Besso noch einige Male zur Familie zurück, doch die Bande waren unwiderruflich zerschnitten. Keke sagte ihrem Mann in unverhüllter Deutlichkeit, dass sie ihn nur noch für »einen halben Mann« hielt. Sie konnte die offenen Worte riskieren, weil mittlerweile fast die ganze Stadt hinter ihr stand, um sie vor dem »verrückten Besso« zu schützen. Der Abgewiesene geriet außer Kontrolle und legte sich mit einem örtlichen Polizisten an. Er musste Gori verlassen und ging 1888 endgültig nach Tiflis. Dort fand er zunächst Arbeit in einer Schuhfabrik, doch sein sozialer Abstieg setzte sich fort. Besso Dschugaschwili starb am 25. August 1909 als obdachloser Penner in einem Tifliser Krankenhaus und wurde in einem Armengrab verscharrt. Er hinterließ nichts außer einer Uhr, die eine Weile verschollen war. Gut vierzig Jahre nach dem Tod des Vaters spürte sie ein Freund Stalins auf und wollte sie dem Diktator zum Geschenk machen. Doch dieser lehnte ab, mit dem wütenden Hinweis, dass Besso ja gar nicht sein wirklicher Vater gewesen sei …

Zehn Jahre war Josef alt, als sein Vater die Familie verließ. Keke war froh, den Trunkenbold endlich aus dem Haus zu haben und ihren Sohn nach eigenem Belieben erziehen zu können. Ihren Idealen nach sollte Josef nunmehr zu einer Mischung aus Bischof und georgischem Ritter werden: tapfer und klug, edel und fromm. Sie schaffte es, ihn an der renommierten Kirchenschule von Gori unterzubringen. Seine Klassenkameraden wussten nicht so recht, wie sie ihn einordnen sollten. Er unterschied sich schon in seinem Aussehen von ihnen, weil er von seiner Mutter, die mittlerweile als Näherin für ein Textilgeschäft arbeitete, mit extravaganten Klamotten ausstaffiert wurde. Hinzu kam, dass er trotz seines zierlichen Wuchses sofort das Führungszepter in der Klasse übernahm. »Wir mieden ihn aus Furcht«, berichtete später ein Mitschüler, »aber wir waren dennoch an ihm interessiert.«

Schon wenige Wochen nach seiner Einschulung geriet Josef unter einen Pferdewagen. Er rang mit dem Tod, überlebte schließlich – aber fortan hing sein linker Arm wie abgestorben herunter. Nun entsprach er nicht mehr dem Ideal eines georgischen Ritters, und auch die geplante Kirchenkarriere war dahin. Denn wie sollte Josef mit diesem Arm, fragte die Mutter ernüchtert, »als Bischof den Kelch festhalten können«.

Doch das interessierte Josef nicht mehr. Er hatte zu dieser Zeit bereits mit den Plänen der Mutter abgeschlossen. Und nicht nur das – er hatte auch mit seiner Mutter abgeschlossen. Die Gerüchte über ihr Liebesleben kursierten noch immer, und nach Bessos Verschwinden waren mehr Männer um sie herum denn je. Ob Keke wirklich Liebesbeziehungen unterhielt oder nicht, ist offen. Einerseits war sie, wie viele ihrer Äußerungen belegen, eine sinnliche Frau, doch andererseits wusste sie sehr genau, wie schnell man in einer frömmelnden Kleinstadt wie Gori seinen Ruf verlieren konnte.

Für Josef reichten die Gerüchte aus, um in seiner Mutter eine seltsame Mischung aus sittlicher Jungfrau und liederlicher Hure zu sehen – eine ambivalente Sichtweise, die sein Verhältnis zu Frauen auch später als Mann prägte. So fühlte sich Stalin einerseits hingezogen zu sexuell emanzipierten Frauen, doch in der Ehe lehnte er deren Lebensstil kategorisch ab. Stalin heiratete zwei Mal. Seine erste Frau starb offiziell an Typhus, doch eigentlich starb sie daran, dass ihr Mann sie mit seiner herrischen Unberechenbarkeit psychisch und physisch zugrunde gerichtet hatte. Seine zweite Frau wurde eines Morgens tot mit einem Revolver an der Schläfe gefunden, nachdem sie am Abend zuvor von ihm beleidigt worden war. Es wurde nie aufgeklärt, ob sie tatsächlich Selbstmord begangen hatte.

Die Abkehr von der Mutter zeigte sich auch in Josefs Lebenswandel: Er vergnügte sich in seiner Freizeit auf den Straßen von Gori. Was konkret heißt: Er betätigte sich – ganz in der Tradition seines Vaters – als Schläger und Säufer. Denn die Jugendlichen und jungen Erwachsenen der Stadt pflegten sich in Prügeleien und Trinkgelagen miteinander zu messen. Es waren Wettkämpfe mit festen Regeln – und Schiedsrichtern, die aus dem Stand der Geistlichen stammten. Priester überwachten also, wie man sich gegenseitig verprügelte und unter den Tisch soff. Für Recht, Ordnung oder gar die Gesetze der Nächstenliebe hatten sie wenig übrig – meist waren sie ebenfalls betrunken. In Gori blühte das Verbrechen wie sonst nirgendwo im Land.

Auch Josef blühte auf. Sehr bald war er nicht mehr nur Teilnehmer, sondern selbst Organisator von Ring- und Boxkämpfen. Er wurde Mitglied mehrerer Banden, wobei er sich stets die mit den besten Perspektiven aussuchte. Man stahl und randalierte, schüchterte Lehrer und Geschäftsleute ein und narrte ein ums andere Mal die Polizei.

Aber Josef hatte auch noch eine andere Seite: Er war ein guter Schüler, sang im Kirchenchor und ließ kaum eine Messe aus. Man heuerte ihn sogar für Hochzeiten an, um seiner angenehmen Altstimme zu lauschen. Der junge Stalin konnte eben schon damals die Menschen genauso leicht verzaubern, wie er sie ohne Zögern brutal vernichten konnte. Seine Mutter freilich sah nur den faszinierenden Magier, nicht den in ihm schlummernden Massenmörder. Die dunkle Seite ihres Sohnes blendete sie komplett aus: »Sosso und ich waren kaum jemals voneinander getrennt ... Sein einziges Vergnügen bestand darin, am Fluss entlangzuspazieren oder den Goridschwari [einen Berg in der Nähe von Gori] zu besteigen.«

Tatsächlich glitt ihr der »Spaziergänger« immer mehr aus den Händen. Als Fünfzehnjähriger besuchte er zwar noch das Priesterseminar in Tiflis, wie es seine Mutter wünschte, doch er nutzte diese Zeit vor allem dazu, Kontakte zu marxistischen Geheimzirkeln zu knüpfen. 1899 wurde Josef aus dem Seminar ausgeschlossen und war seither hauptberuflich Revolutionär, der Streiks und Demonstrationen unter den Eisenbahnarbeitern organisierte. Es war der Beginn einer der schillerndsten und verheerendsten Karrieren in der Geschichte des Kommunismus.

Keke bekam diese Entwicklung nur aus der Ferne mit. Ihr Sohn reduzierte den Kontakt auf einige kurze Briefe, später schickte er ihr gelegentlich Geld. Nach der sowjetischen Invasion Georgiens 1921 verschaffte er ihr ein Zimmer im Jugendpalast von Tiflis, Leibwächter schotteten sie von der Öffentlichkeit ab. Dies geschah weniger zu ihrem Schutz als vielmehr, um zu verhindern, dass Stalins Gegner etwas über seine Vergangenheit in Erfahrung bringen konnten. Keke starb am 13. Mai 1937. Ihre Beisetzung erfolgte mit großem Pomp, aber ohne ihren Sohn. Der schickte lediglich einen Kranz.

## Adolf Hitler: Das Monster aus dem Tiefkühlparadies

»Sie dürfen nicht wissen, woher ich komme und aus welcher Familie ich stamme.« Adolf Hitler hatte panische Angst, dass seine politischen Gegner etwas über seine persönliche Herkunft in Erfahrung bringen könnten. »Die eigene Person zu verhüllen wie zu verklären war eine der Grundanstrengungen seines Lebens«, schreibt der Historiker Joachim Fest. »Kaum eine Erscheinung der Geschichte hat sich so gewaltsam, mit so pedantisch anmutender Konsequenz stilisiert und im Persönlichen unauffindbar gemacht.« Denn der Diktator verstand sich als Schöpfer eines neuen Zeitalters, und solch einer göttlich-übermenschlichen Figur steht eine irdische, allzu menschliche Herkunft nicht gut zu Gesicht.

Außerdem wusste Adolf Hitler, dass man mit seiner Familie in der Öffentlichkeit nicht punkten konnte. Vater Alois war das Produkt einer unehelichen Liaison, und Mutter Klara war nicht nur dreiundzwanzig Jahre jünger als ihr Gatte, sondern auch noch mit ihm verwandt: Sie war seine Cousine zweiten Grades. Für die Eheschließung musste eigens die Erlaubnis der katholischen Kirche eingeholt werden, und Klara redete ihren Mann noch Jahre nach der Hochzeit als »Onkel« an. Solche Inzestgeschichten wären ein gefundenes Fressen für Hitlers Gegner gewesen, und so ließ er die Spuren seiner Herkunft so weit wie möglich vernichten.

Döllersheim und Strones, die Heimatdörfer seiner Eltern und Großeltern, wurden zum Truppenübungsplatz plattgewalzt, und seine Schwester Paula wurde angewiesen, unter falschem Namen zu leben. Doch große Familien wie die Hitlers hinterlassen zu viele Spuren, als dass man sie komplett eliminieren könnte. Mittlerweile verfügen Historiker über diverse Details aus seinem Stammbaum und seiner frühen Lebensgeschichte, die viel – wenn auch beileibe nicht alles – zum Verständnis seiner Persönlichkeit beitragen können.

Als Adolf Hitler im oberösterreichischen Braunau am 20. April 1889 als viertes von insgesamt sechs Kindern geboren wurde, waren seine älteren Geschwister bereits tot. Doch Vater Alois hatte aus seiner vorherigen Ehe zwei Kinder mitgebracht, so dass es im Hause Hitler mit insgesamt fünf Kindern trotzdem ziemlich eng war. Finanziell ging es der Familie indes relativ gut. Alois arbeitete als Zollbeamter mit überdurchschnittlichem Einkommen, und als er in den Ruhestand ging, bekam er die Pension eines Direktors. Wirtschaftliche Ängste waren es also nicht, mit denen sich Adolf auseinandersetzen musste.

Dafür hatte er ganz andere Probleme. Denn sein Vater war herrisch, jähzornig und gewalttätig. Seine Kinder bezogen regelmäßig Prügel, vor allem dann, wenn er betrunken nach Hause kam. Und das kam öfter vor, denn Alois genehmigte sich nach Feierabend stets einige Gläser Bier und Wein. Adolf Hitler berichtete später, dass er den Vater immer wieder von der Kneipe abholen musste: »Und oft musste ich gleich eine Viertel- oder halbe Stunde betteln, schimpfen, bis ich ihn so weit hatte. Dann stützte ich ihn und brachte ihn heim. Das war die grässlichste Scham, die ich je empfunden habe.« Der Sohn lebte später als strikter Abstinenzler und Vegetarier.

Auch die Rastlosigkeit und Getriebenheit des Vaters waren für die Kinder eine enorme Belastung. In seinen letzten sieben Dienstjahren zog er mit seiner Familie insgesamt sechsmal um, obwohl es beruflich gar nicht notwendig gewesen wäre. Der Grund war vielmehr, dass er sich nirgendwo zu Hause fühlte. Er hatte keine Freunde, weder privat noch im Beruf. Bei seinen Kollegen galt er als übertriebener Pedant, die Nachbarn beobachteten den bärbeißigen Zollbeamten und seine jüngere Frau mit Misstrauen und unterschwelliger Ablehnung. Ob Alois Hitler nun der engstirnige Quertreiber war, der überall aneckte, oder ob er der unangepasste Außenseiter war, der von der engstirnigen K. u. k.-Bourgeoisie abgelehnt wurde, ist offen. In jedem Fall reagierte er auf Konflikte nicht mit Konfrontation, sondern hektischer Flucht. Er wurde schließlich zum Heimatlosen, der durch seine Unrast seine Kinder zu sozial isolierten Heimatlosen machte. Sein Sohn Adolf fand keine Freunde, was sicherlich auch daran lag, dass er ständig die Schule wechseln musste. Später, als Diktator, versuchte er das Problem der sozialen Isolation dadurch zu lösen, indem er fast die gesamte Welt mit seinem Regime zu überrollen begann, nach dem Muster: Wenn du die Menschen schon nicht gewinnen kannst, musst du sie wenigstens beherrschen.

Zu den Menschen, die sich nie beklagten, wenn sie beherrscht wurden und auf Wohl und Wehe von jemandem abhängig waren, gehörte Klara, Adolf Hitlers Mutter. Warum sie den beinahe doppelt so alten Alois heiratete, ist bis heute ein Rätsel. Vermutlich war es eine Mischung aus Torschlusspanik – mit fünfundzwanzig Jahren war man damals schon ein »spätes Mädchen« – und dem Sicherheitsbedürfnis einer Frau, die aus ärmsten Verhältnissen stammte. In jedem Fall heiratete sie keinen Fremden. Sie kannte »Onkel Alois« von gelegentlichen Verwandtschaftstreffen her, und 1875 hatte sie der Zollamtsoffizier schon vorübergehend als Haushaltshilfe zu sich geholt (er war zu diesem Zeitpunkt noch mit einer anderen Frau verheiratet).

Alois und Klara heirateten im Januar 1885. Ihre ersten drei Kinder starben schon früh an Diphtherie, und auch Adolfs jüngerer Bruder Edmund wurde nicht einmal sechs Jahre alt. Während Alois diese Schicksalsschläge offenbar recht gelassen abfederte, versank seine Frau in starrer Hoffnungslosigkeit, und sie durfte mit ihren Depressionen auf kein Verständnis beim Ehemann hoffen. Sie wurde, wie es der französische Psychoanalytiker André Green ausdrückt, zur »toten Mutter«: innerlich gefroren, unfähig, eine emotionale Beziehung zu ihrem Sohn aufzubauen. Andererseits hatte sie panische Angst, dass sie auch ihn noch verlieren könnte. Adolf wurde daher umsorgt und verhätschelt, ohne dabei jemals mütterliche Wärme zu bekommen – eine Art Versorgungsparadies unter emotionalen Tiefkühlbedingungen.

Adolf wurde zu einem Gefühlskrüppel, der sich sein Leben lang nach mütterlicher Fürsorge sehnte, aber selbst unfähig war, eine tiefere Bindung zu Frauen oder zu Männern aufzubauen. Bis nach seinem dreißigsten Lebensjahr hatte er vermutlich keinerlei sexuelle Kontakte, weder hetero- noch homosexuell. Während seines politischen Aufstiegs pflegte er eine platonische Beziehung mit Geli, seiner hübschen, fast zwanzig Jahre jüngeren Nichte. Sie erschoss sich im September 1931. Danach unterhielt er ein Verhältnis zur dreiundzwanzig Jahre jüngeren Eva Braun, die er permanent demütigte und vor der Öffentlichkeit verbarg. Sie heirateten am

29. April 1945, um einen Tag später gemeinsam in den Freitod zu gehen.

Während seine Mutter Klara ihren Sohn emotionslos verhätschelte, prügelte ihn der Vater. Ab 1900 setzte es immer öfter Schläge, weil der Junge, nachdem er die diversen Grundschulen recht souverän gemeistert hatte, auf der Realschule immer schlechtere Leistungen ablieferte. Er blieb sitzen, mit zwei Fünfern in Mathematik und Naturgeschichte. Hauptgrund war weniger sein mangelnder Intellekt als seine exzessive Faulheit. Der Vater tobte, der Sohn schaltete auf stur. Paula, das jüngste der Hitler-Kinder, berichtete später: »Mein Bruder Adolf forderte meinen Vater zu extremer Strenge heraus und erhielt dafür jeden Tag eine richtige Tracht Prügel.«

Einmal beschloss der Gepeinigte, während der brutalen Strafaktionen keinen Schmerz zu zeigen, um dem Alten wenigstens die Genugtuung zu nehmen, dass er seinem Sohn weh tun könne. Alois geriet dadurch endgültig außer Kontrolle. Er schlug so lange mit der Hundepeitsche zu, bis ihn die Kraft verließ. Adolf wankte aus dem Zimmer und prahlte seiner Mutter gegenüber: »Zweiunddreißig Schläge hat mir der Vater gegeben.« Klara hatte wie immer vor dem Zimmer gewartet, während drinnen ihr Sohn verdroschen wurde. Nicht ein einziges Mal machte sie auch nur den Versuch, die Prügelorgien zu verhindern.

Adolf begann, seinen Vater zu verachten. Nicht nur wegen der Prügel, sondern auch wegen seiner fehlenden Selbstkontrolle. Der Alte war kein Vorbild mehr für den

Jungen, der es fortan unbedingt anders machen wollte als der Vater. Es sollte ihm gelingen. Adolf Hitler machte keinen Schulabschluss, erlernte keinen Beruf, ging keiner geregelten Arbeit nach und gründete keine Familie. Dadurch erhielt er auch niemals Zugang zu einer »normalen« Männerrolle, wie sie in einer patriarchalischen Gesellschaft seit alters gefordert wird. Stattdessen wurde er zum Pseudokünstler und Bohemien, zum Obdach- und Arbeitslosen, zum Männerheimbewohner und gescheiterten Soldaten – und schließlich zum männermordenden Diktator.

Für seine in Duldungsstarre gefallene Mutter empfand Adolf ebenfalls bald keinen Respekt mehr. Sie erschien ihm schwach und verachtenswert. Gleichzeitig versuchte er aber, sie vor dem Vater zu beschützen.

Verachtung, Hass und Angst gepaart mit zwiegespaltener Fürsorglichkeit und der unerfüllten Sehnsucht nach Anerkennung – eine stabile Identität lässt sich auf diese Weise nicht entwickeln. Hitler reagierte auf den Konflikt mit der Entfremdung von sich selbst. Denn wenn man sich selbst verleugnet, findet das Gewissen nichts mehr, an dem es schmerzhaft nagen kann. Die Pubertät verließ Adolf Hitler nicht etwa als Persönlichkeit, sondern als entkernte Hülle, als Karikatur der Selbstachtung. Die große innere Leere versuchte er mit gewalttätigen Phantasien und aufgesetzten Posen zu überspielen.

Im Januar 1902, die Familie wohnte mittlerweile in der Nähe von Linz, kippte Vater Alois während eines

Wirtshausbesuchs plötzlich bewusstlos zur Seite. Als Priester und Arzt eintrafen, war er bereits tot.

Für Klara wurde es nach dem Tod ihres Mannes leichter und schwerer zugleich. Einerseits war sie dem alten Tyrannen endlich entronnen. Andererseits war nun auch niemand mehr da, der den renitenten Adolf wenigstens zeitweise zur Räson bringen konnte. Der Junge wurde immer fauler und desinteressierter, lebte zu Hause und an der Schule eigentlich nur noch seine Launen aus. Klara hatte dem nichts entgegenzusetzen. Sie bemutterte ihren Sohn weiter wie eine Glucke, hatte aber keine Autorität über ihn.

In der vierten Realschulklasse kam dann das Unvermeidliche: zwei Fünfer in Mathematik und Deutsch – Adolf blieb noch einmal sitzen. Klara überlegte fieberhaft, was sie mit dem Schulversager anfangen sollte, oder besser, auf was für eine Option er sich wohl einlassen würde. Sollte er die Klasse noch einmal wiederholen oder aber arbeiten gehen?

Adolf wusste, wie er die Entscheidung zu seinen Gunsten beeinflussen konnte. Eine harmlose Erkältung bauschte er zum Lungenkatarrh auf, indem er theatralisch schwerste Hustenanfälle simulierte. Seine Mutter war geschockt, hatte sie doch schon vier Kinder und ihren Mann verloren. Panisch rief sie nach einem Arzt, der ebenfalls auf das Schauspiel des Jungen hereinfiel und der Mutter sagte, dass ihr Sohn auf keinen Fall in ein Büro gehen dürfe. Und mit der Schule müsse er jetzt auch erst einmal ein Jahr lang pausieren. Also weder

Schule noch Arbeit – Adolf Hitler war am Ziel, ein Triumph, von dem er noch viele Jahre später in *Mein Kampf* berichtete: »Was ich so im Stillen ersehnt, für was ich immer gestritten habe, war nun … fast von selber Wirklichkeit geworden.«

Der Hypochonder wurde zur Erholung aufs Land geschickt, wo der Gedanke in ihm heranreifte, dass er zum Künstler berufen sei. Zu konstruktiven Schritten führte freilich auch diese Erkenntnis nicht: Weder meldete er sich an der Malschule an, noch bemühte er sich um einen Platz an der Kunstakademie. Stattdessen lag er seiner Mutter mit dem Wunsch in den Ohren, die Welt zu sehen, weil das für seine Künstlerlaufbahn wichtig sei. Wieder einmal hatte sie nichts entgegenzusetzen: Im Sommer 1906 finanzierte sie ihm – aus ihrer nicht gerade üppigen Witwenkasse – einen mehrwöchigen Aufenthalt in Wien.

Dort entwickelte Adolf plötzlich den unbändigen Drang zum Musizieren, so vehement, dass ihm seine Mutter einen Flügel kaufte. Den benutzte er aber schon vier Monate später nicht mehr, weil er seine Leidenschaft für das architektonische Zeichnen entdeckte. So ging es weiter und weiter: Adolf Hitler dachte gar nicht daran, seinem Leben eine Richtung zu geben. Klara schwante, dass der Junge die Rastlosigkeit des Alten geerbt hatte. Mit dem Unterschied, dass Alois wenigstens in der Lage gewesen war, für sich und seine Familie zu sorgen.

Klara wurde noch depressiver, als sie ohnehin schon war. »Die Sorge um das Wohl des einzigen am Leben gebliebenen Sohnes verdüsterte immer mehr ihr Gemüt«, beobachtete einer der wenigen Freunde der Familie, August Kubizek. Ihm schüttete Klara immer wieder ihr Herz aus. Doch ihrem Sohn gegenüber, dem Grund ihres Kummers, blieb sie wie immer tatenlos.

Schließlich wurde sie ernsthaft krank. Die Diagnose lautete: Brustkrebs. Am 18. Januar 1907 wurde sie operiert, und der Arzt eröffnete dem siebzehnjährigen Adolf und seiner elfjährigen Schwester Paula, dass die Krankheit mit der Operation keineswegs vorbei war. Der Sohn reagierte – und forderte seine Mutter auf, ihm noch eine Reise nach Wien zu finanzieren. Er wolle dort ein Kunststudium beginnen. Anfang September reiste er ab.

Endlich dämmerte der Mutter, dass mit ihrem Sohn etwas nicht stimmte. Sie konnte nicht begreifen, dass er ihr in dieser schweren Krankheit nicht beistehen wollte. Und trotzdem ließ sie wieder kein Wort des Zornes oder der Enttäuschung verlauten. Mit einem seufzenden »Er hat halt den gleichen Dickschädel wie sein Vater« machte sie sich wieder an die Hausarbeit. Sie fragte nicht, was ihr Sohn eigentlich an der Akademie lernen, womit er sich dort den ganzen Tag beschäftigen wolle. Tatsächlich schaffte er nicht einmal die Aufnahmeprüfung. Doch davon erfuhr Klara nichts.

Fast vier Wochen blieb Adolf in Wien, ohne seiner Mutter auch nur eine einzige Zeile zu schreiben. Erst als Kubizek ihn darum bat, kehrte er Ende Oktober nach Linz zurück. Er sah, dass es mit seiner Mutter zu Ende ging. Er schaffte ihr Bett in die Küche, den einzigen beheizbaren Raum, und stellte ein Sofa daneben, um nachts bei ihr sein zu können. Das erste Mal in seinem Leben, Adolf Hitler war mittlerweile achtzehn Jahre alt, beteiligte er sich auch an der Hausarbeit. Aber er musste sich nicht mehr allzu lange abmühen: Klara starb am 21. Dezember 1907.

Der Sohn kaufte den teuersten Sarg, den man in Linz bekommen konnte. Er heulte, schien fassungslos. Der Hausarzt der Familie notierte: »Ich habe in meiner beinahe vierzigjährigen Tätigkeit nie einen jungen Menschen so schmerzgebrochen und leiderfüllt gesehen, wie es der junge Hitler gewesen ist.« Die Stimmung schlug jedoch bald um. Kubizek beobachtete, wie sich bei Hitler der Schock über den Tod der Mutter zur emotionalen Kälte wandelte: »Ich staunte, wie klar und überlegen er jetzt davon sprach. Beinahe so, als handele es sich um fremde Dinge.« Mit Klara war der letzte Anker verschwunden, der ihm noch einen – wenn auch schwachen – Halt in seinem orientierungslosen Leben gegeben hatte.

Wie mit einem Beil trennte er danach alle Verbindungen zu seiner Familie ab. Die kleine Paula kam zur Halbschwester, er selbst verschwand nach Wien, um sich als Postkartenmaler durchzuschlagen. Er war jetzt heimatlos – erst die Armee sollte dem Entwurzelten 1914 wieder ein Zuhause geben.

Klara Hitler wurde neben ihrem Mann bestattet. Ihre Gräber verwitterten, weil weder Adolf noch seine Geschwister und Halbgeschwister sich darum kümmern wollten. Sie zahlten noch nicht einmal die Grabgebühren. Und damit wäre die letzte Ruhestätte wohl von der Gemeinde eingeebnet worden, wenn nicht Hitlers Parteigenossen von der NSDAP eingegriffen hätten. Sie bauten das »Elterngrab des Führers« zur Gedenkstätte aus und wunderten sich, dass der Geehrte keinerlei Interesse daran zeigte.

Hitler besuchte die letzte Ruhestätte der Eltern erst, als im März 1938 Österreich ans Deutsche Reich angeschlosse wurde. Vom Balkon der Wiener Hofburg aus feierte er diesen Schritt als »Vollzugsmeldung meines Lebens«.

## Ludwig Wittgenstein: Selbstmord ist immer eine Schweinerei

Unter welchen Umständen darf man den Tod des Vaters herbeisehnen? Oder ist es generell unmoralisch, so etwas zu tun?

In den Weihnachtswochen des Jahres 1912 lag Karl Wittgenstein nur noch im Bett. Seine Tage waren gezählt, er wusste das, und auch die um sein Krankenlager gescharte Familie wusste es. Die letzte Operation – er litt an fortgeschrittenem Kiefer- und Zungenkrebs, weil er nicht von seinen geliebten Zigarren lassen wollte – hatte seinem geschwächten Körper so arg zugesetzt, dass sein Leben nur noch am seidenen Faden hing. Ein Faden, der doch bitte, so hofften Frau und Kinder, endlich reißen sollte. Denn es wäre eine Erlösung für alle: für den kranken Vater, der nur noch litt; für die Familie, die ihn nicht weiter leiden sehen wollte; und vor allem für den jüngsten Sohn Ludwig, der unbedingt zurückkehren wollte nach Cambridge. Dort würde er weiter daran arbeiten, der Philosophie, die zu seiner Passion und Profession geworden war, neue Impulse zu geben. Revolutionäre Impulse, wohlgemerkt! Doch jetzt saß Ludwig in Wien fest und wartete auf den Tod des Vaters. Desillusioniert schrieb er an seinen Mentor Bertrand Russell in Cambridge: »Als ich hier eintraf, war mein Vater schwer krank. Es gibt keine Hoffnung auf Genesung. Diese Umstände haben meine Gedanken leider ziemlich gelähmt & ich bin durcheinander, obwohl ich dagegen ankämpfe.«

Vater Wittgenstein hatte feste Pläne mit seinen Söhnen. Die Töchter spielten – zu ihrem Glück – in seinen Planungen keine Rolle. Aber die männlichen Nachkommen sollten Ingenieure werden und das weitverzweigte Familienunternehmen weiterführen. Doch die Chancen darauf standen schlecht. Zwei Söhne hatte der Vater bereits durch Selbstmord verloren, und die verbliebenen drei entwickelten sich ganz anders, als er es sich ausgemalt hatte. Kurt, der Älteste, war zwar Ingenieur, doch er lebte allzu sorglos und unbekümmert in den Tag hinein. Sein jüngerer Bruder Paul hatte zwar den nötigen Ernst, aber ihn zog es unwiderstehlich zur Musik. Und Ludwig war zwar ein genialer Tüftler und Techniker, der schon als Knabe neuartige Nähmaschinen konstruiert hatte, doch er wollte unbedingt zum großen Philosophen werden – eine Katastrophe, die Vater Karl unbedingt verhindern wollte! Doch alle Versuche, den Jüngsten umzustimmen, waren gescheitert. Selbst auf Drohungen reagierte Ludwig nicht, er wurde dann nur noch starrköpfiger und eigenbrötlerischer, als er ohnehin schon war.

Aber jetzt, auf dem Sterbebett, konnte der alte Wittgenstein noch einmal Druck ausüben und das Umsetzen der philosophischen Pläne zumindest verzögern. Denn er wusste, dass Ludwig mit seinem geradezu zwanghaftem Ernst niemals nach Cambridge zurückgehen würde, bevor sein Vater gestorben wäre. Also sammelte der Vater ein letztes Mal all seine Willenskraft und zog sein Ableben in die Länge.

Es war gespenstisch. Seit Anfang November 1912 lag Karl Wittgenstein im Sterben – und im Januar des folgenden Jahres lebte er immer noch. Die Stimmung im Hause Wittgenstein pendelte zwischen Trauer und der Hoffnung auf ein baldiges Ende des so geliebten wie gefürchteten Patriarchen. Seine Frau Poldi und ihre Kinder wechselten sich mit der Krankenwache ab. Am Bett herrschte dabei eine erdrückende Grabesstille, weil der Todgeweihte kaum noch reden konnte. »Er ist so apathisch, dass man ihm keinen Dienst damit erweist, an seinem Bett zu sitzen«, schrieb Ludwig an Russell. »Ich bin jetzt hier vollkommen nutzlos. Wie lange ich noch hierbleiben muss, ist gänzlich vom Verlauf der Krankheit abhängig.«

Der alte Wittgenstein hatte also richtig kalkuliert: Ludwig blieb bei seinem Vater, obwohl es ihm sinnlos erschien. Aber als Sohn sah er keine Alternative, wie er überhaupt die verbindliche Ausweglosigkeit, also das Nicht-Anders-Handeln-Können, als Wesen aller Ethik begriff. Ein Thema, das ihn auch in seinem philosophischen Schaffen beschäftigte.

Karl Wittgenstein starb am 20. Januar 1913. »Völlig schmerzlos schlief er ein, wie ein Kind«, schrieb Ludwig nach Cambridge. Und weiter: »Ich denke, dass dieser Tod ein ganzes Leben wert war.« Ein Satz, der weniger durch das spricht, was er sagt, als durch das, was er verschweigt.

Als Ludwig Wittgenstein am 26. April 1889 als letztes von acht Kindern in Wien geboren wurde, war er das Nesthäkchen einer Familie, die es geschafft hatte. Der Vater hatte in der Stahlindustrie ein Millionenvermögen verdient, und die Familie residierte in einem exquisiten Palais, das zu einem Zentrum der Wiener Kultur geworden war und berühmte Musiker wie Johannes Brahms, Gustav Mahler und Richard Strauss zu seinen Gästen zählte.

Den Reichtum hatte Karl Wittgenstein durch Fleiß, Glück und eine hasardeurhafte Risikofreude erwirtschaftet und dabei einen ausgeprägten Mangel an Zimperlichkeit und sozialem Gewissen an den Tag gelegt. In Wien nannte man ihn den »Amerikaner von Österreich«, und das war ganz und gar nicht schmeichelhaft gemeint. Doch so etwas störte ihn nicht. Zu Karls herausstechenden Charaktereigenschaften gehörte, nicht auf andere zu hören, sondern konsequent die eigene Linie zu verfolgen und dabei Widerstände ohne Zaudern aus dem Weg zu räumen. Schon sein Vater hatte über ihn gesagt: »Mein Sohn ist von frühster Kindheit an ... seine eigenen Wege und schließlich nicht zu seinem besonderen Nachteil gegangen.« Man könnte auch sagen: Karl war ein kreativer Querkopf mit eisenhartem Willen. Ein Wesenszug, der auch auf die Kinder überging, vor allem auf die fünf Söhne. Auch sie gingen konsequent dem eigenen Willen nach – der allerdings in eine andere Richtung als die des Vaters zeigte. Das führte zu Konflikten und schließlich in eine Kaskade von Katastrophen.

So war Karl Wittgensteins Streben ausgesprochen weltlich orientiert; es ging ihm in erster Linie um das zutiefst männliche Bemühen um einen Zuwachs an Macht und Eigentum. Er war wohl offen für Kunst, Literatur und vor allem Musik, spielte sogar selbst recht passabel Geige, aber all das blieb nur ein Vergnügen, mit dem man seine Freizeit sinnvoll ausnutzen konnte. Für den Gelderwerb und als Beruf taugten ihm diese schönen Überflüssigkeiten nie.

Ganz anders dagegen seine fünf Söhne. Deren ältere Schwester Hermine berichtete später: »Es war tragisch, dass unsere Eltern, trotz ihres großen sittlichen Ernstes und ihres Pflichtgefühls, mit ihren Kindern keine Einheit zu bilden vermochten, tragisch, dass mein Vater Söhne bekommen hat, die von ihm selbst so verschieden waren, als hätte er sie aus dem Findelhaus angenommen! Es muss für ihn eine bittere Enttäuschung gewesen sein, dass keiner von ihnen in seine Fußstapfen treten und an seinem Lebenswerk weiterarbeiten wollte.«

An der Enttäuschung ist aber nicht der Vater zerbrochen, er ließ vielmehr seine Söhne daran zerbrechen. Und Mutter Leopoldine konnte sie nicht davor bewahren. Nicht nur, weil sie Angst vor ihrem Gatten hatte, sondern auch, weil sie ihren Kindern zeitlebens eine Fremde blieb. »Wir standen ihr eigentlich verständnislos gegenüber«, schrieb Hermine, »aber auch sie hatte kein wirkliches Verständnis für die acht sonderbaren Kinder, die sie geboren hatte.« Die Kommunikation funktionierte eigentlich nur, wenn man aufs Sprechen verzichtete und miteinander musizierte, denn auch Mutter Poldi hatte darin großes Talent. Aber das reichte natürlich nicht, um den Söhnen ihre persönlichen Katastrophen zu ersparen.

Hans, der älteste Sohn, hatte autistische Züge und lebte in einer eigenen Welt, die er mit Hilfe mathematischer Formeln zu begreifen versuchte. Auch war er ein begnadeter Musiker. Mit fünf Jahren warf er sich einmal weinend und »Falsch! Falsch!« rufend auf den Boden, weil zwei Blaskapellen ein und dasselbe Lied gleichzeitig in verschiedenen Tonarten spielten. Er selbst spielte Geige, Orgel und Klavier, zwar ohne Gefühl, aber mit unglaublicher Fingerfertigkeit, was man durchaus als weiteren Hinweis auf seine autistische Veranlagung interpretieren kann.

Der Vater zeigte jedoch kein Verständnis für diese Besonderheiten, er wollte den Ältesten unbedingt als Manager in seinem weitverzweigten Firmenimperium einsetzen. 1895 schickte er ihn nach Böhmen und England, damit er dort in verantwortlichen Stellungen für unterschiedliche Fabriken arbeitete. Hans trat zwar die Reise an, gab sich aber lieber der Musik hin, statt zu arbeiten. Als er nach Wien zurückkam, brannte die Luft. Der Vater tobte und verbot dem Sohn das Musizieren. Worauf Hans nur noch eine Möglichkeit sah: die Flucht. Geistig fand er eine neue Heimat in der Schopenhauerschen Lehre von der Verneinung des Willens, geographisch zog es ihn in die USA. Er kehrte nie wieder zurück. 1903 erfuhren die Wittgensteins, dass Hans in der Chesapeake Bay aus einem Boot ins Wasser gestürzt und nicht mehr aufgetaucht sei. Ob er sich vorher möglicherweise erschossen, vergiftet oder aber bis zur Schwimmunfähigkeit betrunken hatte, wurde niemals geklärt.

Zwei Jahre später betrat Rudolf Wittgenstein, der drittälteste Sohn, ein Restaurant auf der Brandenburgstraße in Berlin. Der zweiundzwanzigjährige Chemiestudent bestellte zwei Glas Milch und einen Teller mit Essen und bat dann den Bar-Pianisten, einen Schlager von Thomas Koschat zu spielen: *Verlassen, verlassen, verlassen bin ich*. Während die Melodie noch durch den Raum schallte, schüttete Rudi ein Säckchen Kaliumzyanid in seine Milch. Wenige Minuten später war er tot. Das Motiv für seinen Selbstmord war die Angst, dass die Öffentlichkeit und damit sein Vater von seiner »widernatürlichen Veranlagung« erfahren könnte. Denn ein Sexualwissenschaftler hatte einen Artikel zur Homosexualität veröffentlicht und darin als Fallbeispiel einen jungen Mann beschrieben, der problemlos als Rudi Wittgenstein zu identifizieren war. Durchaus möglich, dass der Vater im vertratschten Wien bald Wind davon bekommen hätte – und der hätte seinen Sohn umgehend verstoßen.

Wie richtig Rudi in dieser Einschätzung lag, zeigte sich unmittelbar nach seinem Begräbnis. Kaum war die Zeremonie vorüber, scheuchte der Patriarch seine Familie vom Friedhof und verbot seiner Frau, sich noch einmal nach dem Grab umzudrehen. Außerdem durfte fortan niemand in seiner Nähe Rudis Namen erwähnen. Der Sohn wurde noch posthum zur persona non grata erklärt.

Doch den Virus des Suizids wurde die Familie nicht mehr los. Nach dem Tod des Vaters zog Kurt Wittgenstein, der zweitälteste Sohn, als Soldat in den Ersten Weltkrieg. Als der Krieg fast vorbei war, schoss er sich im Oktober 1918 eigenhändig eine Kugel in den Kopf. Seine Motive blieben im Dunkeln, nicht zuletzt deshalb, weil er im Unterschied zu seinen Brüdern immer heiter wirkte. Aber Schwester Hermine bescheinigte ihm später einen ausgeprägten »Ekel am Leben«. Vermutlich war seine ostentative Heiterkeit lediglich sein persönlicher und schließlich vergeblicher Versuch, mit dem väterlichen Druck fertigzuwerden – ein Druck, der so nachhaltig war, dass er ihn auch nach dem Tod des Patriarchen noch spürte.

Paul, der zweitjüngste unter den Brüdern, verzichtete auf den Selbstmord, doch dafür tötete er den Vater in sich. Er war ein überaus begabter Pianist, doch in der Familie fand er dafür zunächst keinerlei Anerkennung. Er musste sich anhören, sein Klavierspiel sei »zwanghaft« und »wenig raffiniert« und er solle sich lieber auf eine Laufbahn in der Wirtschaft vorbereiten.

Doch Paul ließ sich nicht beirren, außerdem bekam er Unterstützung von Theo Leschetizky und Josef Labor, die zu den anerkannten Musikgrößen der damaligen Zeit gehörten und ihm große Perspektiven bescheinigten. Ihrem Zureden konnte sich auch Vater Wittgenstein nicht entziehen, so dass Paul dann doch umfassend musikalisch ausgebildet wurde.

Sein erstes Konzert gab er freilich erst als Sechsundzwanzigjähriger, nachdem der Vater gestorben war. Die Kritiken waren euphorisch, der Nachwuchsmusiker schien vor einer großen Karriere zu stehen. Aber dann zog Paul, gefüllt von patriotischem Überschwang, in den Krieg. Bei einer Schlacht in Polen verlor er seinen rechten Arm. Noch während der Kriegsgefangenschaft beschloss er, seine Laufbahn als Pianist fortzusetzen. Mit nur einem Arm, und dann noch dem linken! Es war jener wittgensteinsche Wille, den er von seinem Vater geerbt hatte, der nun dazu führte, dass Paul nicht reumütig und dankbar zur Unternehmertradition des Vaters zurückkehrte, sondern weiterhin an seinem Traum festhielt. Die väterliche Willenskraft in ihm triumphierte also letztendlich über den Willen des Vaters in ihm – Schopenhauer hätte sich das nicht besser ausdenken können.

Paul machte tatsächlich Karriere als einarmiger Pianist. Er ließ spezielle Kompositionen für sich schreiben, selbst Maurice Ravel komponierte eigens ein Klavierkonzert für ihn. Zwischen den beiden Musikern kam es daraufhin allerdings zum Bruch. Denn Paul nahm eigenmächtig Veränderungen an der Partitur vor, um das Stück besser aufführen zu können. Ravel wurde daraufhin extrem zornig, denn für ihn waren Interpreten lediglich »die Sklaven der Komposition«. Da kannte er den wittgensteinschen Dickschädel noch nicht.

Ludwig schließlich, der mit Paul immer ein besonders inniges, wenn auch nicht konfliktfreies Verhältnis hatte, verzichtete ebenfalls auf den Selbstmord. Aber er dachte oft an ihn. Angetrieben von einem unbändigen Selbsthass kokettierte er immer wieder mit seinem eigenen Tod. Als Soldat im Ersten Weltkrieg drängte er sich für die gefährlichsten Einsätze auf, die sonst keiner übernehmen wollte. So meldete er sich für den Dienst in einem Wachturm, der unter Dauerbeschuss stand, und er ließ sich von der Artillerie zur Infanterie versetzen, obwohl Fußsoldaten zu dieser Zeit nur noch Kanonenfutter waren. Doch Ludwig blieb am Leben und erhielt sogar diverse Orden für seine tapferen Aktionen, die nichts anderes waren als eine Reihe verdeckter Suizidversuche.

Nach dem Krieg verzichtete Ludwig Wittgenstein auf weitere Selbsttötungsaktivitäten. Aber nur deshalb, weil sie nicht mehr in sein philosophisches Konzept passten: »Ich weiß, dass der Selbstmord immer eine Schweinerei ist. Denn seine eigene Vernichtung *kann* man gar nicht wollen, und jeder, der sich einmal den Vorgang beim Selbstmord vorgestellt hat, weiß, dass er immer eine

*Überrumpelung* seiner selbst ist. Nichts aber ist ärger, als sich selbst überrumpeln zu müssen.« Vor der Stringenz des philosophischen Systems verblasste eben auch der sehnlichste Wunsch nach dem eigenen Tod.

Statt Selbstmord wählte Ludwig einen anderen Weg, um sich vom Vater zu befreien: Indem er nämlich nach dessen Tod auf sein Erbe verzichtete und es unter die Leute verteilte. In erster Linie profitierten davon seine Geschwister, aber auch einige österreichische Künstler kamen in den Genuss eines unerwarteten Geldsegens – etwa Oskar Kokoschka und Georg Trakl. Letzterer vergiftete sich wenig später mit einer Überdosis Kokain. Ludwig Wittgenstein hingegen pflegte fortan einen Lebensstil, der so anspruchslos war, dass er sogar mit Diogenes, dem Urvater aller bedürfnislosen Philosophen, hätte mithalten können.

Nach dem Weltkrieg arbeitete Ludwig Wittgenstein zunächst als Volksschullehrer auf dem Lande, obwohl ihm, den Bertrand Russell als »das vollendete Beispiel des Genies« bezeichnete, schon längst alle Türen zur Universitätslaufbahn offenstanden. Mal wohnte er in einem umgebauten Waschraum, mal in der Schulküche, weil in seiner Pension vorübergehend Musik gemacht wurde.

1929 kehrte Wittgenstein als Philosoph nach Cambridge zurück, wo man ihn zehn Jahre später zum Professor ernannte. Doch seinen diogenesartigen Lebensstil behielt er bei. In seinem Zimmer standen weder Sessel noch eine Leselampe, und die Wände waren kahl.

Seine Kleidung widersprach in gröbstem Maße der Etikette der englischen Elite-Universität, und sein Essen bestand lange Zeit nur aus Brot und Käse.

1947 kündigte der »Philosoph der klaren Sprache« seine Professur, weil er sie als »eine Art Lebendig-Begrabensein« empfand. Wenig später wurde er tatsächlich beerdigt. Ludwig Wittgenstein starb 1951 an Krebs. Er war zweiundsechzig Jahre alt.

Der Nachwelt wurde Wittgenstein gerne als »der letzte aller echten Philosophen« verkauft – dabei entsprang seine Bedürfnislosigkeit letzten Endes seinem Bedürfnis, sich innerlich von seinem Vater zu lösen. Die kahle Zelle in Cambridge war die Antwort auf das exquisite Palais in Wien, und das Aufgeben der Professur war seine Ablehnung einer wie auch immer gearteten Vaterrolle. Dazu passte auch, dass Wittgenstein keine eigene Familie gründete. Einmal machte er zwar einer Frau einen Heiratsantrag, doch er stellte dabei die Bedingung, dass sie keinen Sex miteinander hätten. Sie lehnte ab.

Das Lösen vom Vater-Ich zählte zu den wesentlichen Antriebsmomenten in Wittgensteins Leben. Und als Befreiung von der Last von Zeit und Vergangenheit wurde es auch zu einem beherrschenden Thema seiner Philosophie. In seinem Hauptwerk, dem *Tractatus logico-philosophicus*, schrieb er: »Wenn man unter Ewigkeit nicht unendliche Zeitdauer, sondern Unzeitlichkeit versteht, dann lebt der ewig, der in der Gegenwart lebt.«

# KAPITEL 2

# Drillmeister und Kindheitsräuber

Kjell hatte beschlossen, den Ball nicht mehr abzuspielen und ein Solo zu starten. Das sah man. Und sein Vater sah das auch. Doch er wollte, dass sein Sohn abspielte. Vom Seitenrand aus schrie er: »Nach rechts, da ist alles frei!« Doch Kjell wollte nicht. Zwei Gegner hatte er bereits ausgespielt, jetzt wartete der dritte. Der Vater tobte: »Bist du denn irre?! Jetzt spiel doch endlich ab!« Kjell umspielte auch den dritten und zog von der Strafraumkante aus ab – unhaltbar in den Winkel, ein wunderbares Tor. »Na also«, sagte der Vater zufrieden. »Genau so, wie wir es trainiert haben.«

Fußballväter – es gibt sie überall, wo leidenschaftlich gegen die Lederkugel getreten wird: in Deutschland, England, Italien, Spanien, Argentinien, Brasilien, wahrscheinlich sogar in Island und Liechtenstein. Sie beschimpfen den Schiedsrichter, verspotten die Gegner und schwärmen von ihren eigenen Fußballerzeiten.

Das Interessante ist aber, dass es Fußballväter vom Prinzip her nicht nur im Fußball gibt. Denn dass Väter ihren eigenen Ehrgeiz auf ihre Kinder projizieren, gibt es auch in anderen Bereichen. Wie etwa im Tennis – man denke nur an Steffi Graf, Andre Agassi und die Williams-Schwestern. Außerhalb des Sports gibt es dieses Phänomen vor allem in der Musik. Im 18. Jahrhundert etwa war die europäische Welt ganz heiß auf musikalische Wunderkinder, ein Trend, unter dem etwa Wolfgang Amadeus Mozart zu leiden hatte, der schon mit fünf Jahren von seinem Vater auf Tournee geschickt wurde. Der aktuelle Star am Pianisten-Himmel, Lang Lang, wurde ebenfalls vom Papa gedrillt, und dieser genoss es, sich und seinen Sohn mit Leopold und Wolfgang Amadeus Mozart zu vergleichen.

Das Pikanteste aber ist: Den Fußballvater gibt es nicht nur außerhalb des Fußballs, es gibt ihn auch in der weiblichen Variante. Allerdings hat sich dafür in der Psychologie ein anderer Begriff eingebürgert: die Eislaufmutter – weil man sie vor allem im Eiskunstlauf findet. Doch es gibt sie auch zuhauf beim Tennis, Tanzen und Theater, und hinter den hochgeschminkten Kandidatinnen eines Fotomodell-Castings steht ebenfalls oft eine ehrgeizige Eislaufmama. Wie der Fußballvater verspottet sie die Konkurrenten und beleidigt Jury und Schiedsrichter. Allerdings schwärmt sie seltener von eigenen alten Zeiten, denn Prahlerei ist eher Männersache. Dafür gibt sich die Eislaufmutter als fürsorgliche Glucke, die ja eigentlich gar nicht will, dass ihre Tochter auf der Bühne steht, »aber sie selbst will es ja unbedingt, und da wollen wir ihr nicht im Weg stehen«.

Eislaufmutter und Fußballvater sind natürlich nur Schlagworte für einen Eltern-Typus, den es schon gab, bevor Fußball und Eislauf existierten. Es ist der Drill- oder Zuchtmeister, und den gab es breits, als Aristoteles die Erziehung als »eine Zuflucht im Unglück« bezeichnete. Das wesentliche Kennzeichen dieses Typus: Er besitzt eine fanatische Leidenschaft für irgendeinen Tätigkeitsbereich und hat sich oft selbst darin versucht – allerdings ohne Erfolg, weshalb er jetzt seinen ganzen Ehrgeiz in das Kind steckt. Wie etwa der bierbäuchige Kreisklassen-Fußballer, der seinen Sohn in die Bundesliga bringen will; die speckige Mama mit den Elefantenbeinen, die in ihrer Tochter die kommende Ballerina sieht; oder auch der heruntergekommene Tanzmusiker, der sein Kind zum Gesangs-Contest ins Fernsehen drängelt. Meistens endet die Geschichte solcher Duos damit, dass die großen Pläne im Mittelmaß oder sogar weit darunter versacken und reichlich Frustrationen auf beiden Seiten zurückbleiben. Ganz selten aber wird tatsächlich eine Erfolgsstory daraus, und in einem Buch, in dem es um Prominente und ihre schlimmen Eltern geht, muss man natürlich genau diese Fälle thematisieren – denn all die vielen Tausend, deren Hoffnungen sich zerschlagen haben, kennt man ja gar nicht.

Neben Mozart, John F. Kennedy, Andre Agassi, Michael Jackson oder Elizabeth Taylor lassen sich leicht viele weitere Beispiele dafür finden, wie mit elterlichem Drill eine besondere Figur der Weltgeschichte geformt wurde. Aus der Gegenwart beispielsweise stammen Jessica Simpson, Beyoncé Knowles und Tiger Woods, der schon mit sechs Monaten die Golfschwünge seines Vaters nachahmen musste. Doch auch wenn Menschen dabei sind, die wir bewundern, gibt es hier nichts zu verherrlichen – der Versuch, aus dem Sohn oder der Tochter irgendetwas Großes zu machen, bedeutet in der Regel auch, dass das Kind kein Kind sein darf. Von nichts kommt nichts, also darf das Kind nicht mit Gleichaltrigen spielen, abhängen und herumtoben, es darf sich nicht gehen lassen und kann sich auch nicht durch Ungehorsam und Auflehnung an seinen Eltern reiben, weil es fortwährend zum Üben oder Training verdammt ist. Ihm fehlen dadurch Erfahrungen, die wesentlich zur Entwicklung der Persönlichkeit beitragen. Die Kinder von Drillmeistern sind daher oft – selbst wenn sie erfolgreich sind – farblos, angepasst und ausgelaugt oder aber kaputt, neurotisch und unfähig, mit ihren Mitmenschen einen normalen Kontakt aufzubauen. Keine Kariere ist es wert, seinem Kind ein solches Schicksal zuzumuten.

## Wolfgang Amadeus Mozart:
### Ein Wolferl ohne Kindheit

Es war eine stille und bedächtige, keine ekstatische, feurige Liebe, die Leopold und Anna Maria im November 1747 vor den Traualtar brachte. Das muss nicht von Nachteil sein. Im Gegenteil, es kann sogar vor großen Enttäuschungen schützen, wenn man nicht mit übersteigerter Romantik und zu großen Erwartungen in die Ehe geht. Aber bei den Mozarts hielt sich das Glück doch ein bisschen zu sehr in Grenzen.

Dabei war die Heirat gerade für Anna Maria zunächst ein echter Glücksfall. Denn sie kam aus ärmlichsten Verhältnissen, und Leopold Mozart hatte als Vizekapellmeister in Diensten des Salzburger Bischofs immerhin ein geregeltes Einkommen. Der gebürtige Augsburger war zwar auch nicht vermögend, aber es reichte zum Leben. Als sie in den dritten Stock eines Mietshauses zogen, sah die Zukunft zumindest nicht düster aus, und als sich schon wenig später der erste Nachwuchs in der Familie Mozart ankündigte, machten sich die beiden keine Sorgen.

Doch der neugeborene Sohn starb bereits nach einem halben Jahr später an einer rätselhaften Krankheit. Wenig später kam eine Tochter – sie überlebte nicht mal eine Woche. Das dritte Kind, wiederum eine Tochter, starb nach acht Wochen.

Anna Maria war körperlich entkräftet und zutiefst traumatisiert. Sie plagte sich mit Zweifeln, ob sie tatsächlich eine vollwertige Frau sei, ob sie der Herrgott mit einem kranken Körper gestraft hätte, der kein überlebensfähiges Kind zur Welt bringen könne. Sie fuhr zur Kur, blieb aber nur wenige Tage. Ihr Mann wollte für den Aufenthalt nicht so viel Geld ausgeben und meinte überdies, sich in der Medizin selbst gut genug auszukennen, um seine Frau zu Hause mit Heilpflanzen wieder auf die Beine zu bringen.

Ob es nun am Kräuterwissen des Mannes oder aber an der Gnade der Natur lag – in jedem Fall gebar Anna Maria 1751 das erste Kind, das genug Kraft zum Überleben hatte: Maria Anna, die später meistens nur »Nannerl« gerufen wurde. Die Mutter war erleichtert, doch

Zeit zur körperlichen und geistigen Erholung blieb ihr nicht. Schon wenig später brachte sie erneut ein Kind zur Welt: einen Sohn. Er starb drei Monate darauf. Nach einem Jahr kam noch eine Tochter, sechs Wochen später war auch sie tot. Das Schicksal hatte Anna Maria wieder fest in seinen unbarmherzigen Klauen.

1755 wurde sie abermals schwanger. Sie spürte, dass sie eigentlich nicht mehr genug Kraft dazu hatte. Als sie am 27. Januar 1756 Wolfgang Amadeus, genannt »Wolferl«, zur Welt brachte, kostete es sie beinahe das Leben. »Wir hielten sie fast schon für verloren«, schrieb Leopold später in einem Brief. Doch sie schaffte es irgendwie. Zwar konnte sie danach keine Kinder mehr bekommen, aber das empfand sie wohl eher als Erlösung.

Aber Anna Maria Mozart hatte sich verändert. Sie war jetzt nicht mehr die junge, hübsche und lebenslustige Frau, die Leopold seinerzeit geheiratet hatte. In acht Jahren sieben Kinder zu gebären und fünf von ihnen gleich wieder zu verlieren – all das forderte nun seinen Tribut. Sie fühlte sich ermattet und erschöpft und konnte sich ihrem Gatten gegenüber, der als typischer Patriarch seiner Zeit ohnehin die absolute Verfügungsgewalt über seine Familie hatte, immer weniger behaupten. Leopold übernahm nahezu die komplette Kindererziehung – und die sah nach seinen Plänen vor, Nannerl und Wolferl mit großem Druck zu musikalischen Wunderkindern zu machen. Der Welt wurden dadurch einzigartige und geniale Kompositionen beschert. Doch die Mozartkinder – vor allem Wolfgang – verloren dabei zwei der wichtigsten Voraussetzungen für ein glückliches Leben: ihre Kindheit und ihre Gesundheit.

Nannerl war als ältestes Kind zwangsläufig die Erste, die vom Vater musikalisch ausgebildet wurde, vornehmlich am Klavier. Sie stellte sich geschickt an und zeigte großes Talent. Doch als sich der dreijährige Wolfgang neben sie ans Instrument setzte und zu spielen begann, erkannte der Vater sofort, dass er hier ein kleines Genie vor sich hatte. Es lag daher nahe, auch den Sohn im Klavierspiel zu unterrichten. Leopold Mozart ging dabei mit unerbittlicher Strenge vor und mit einer Pädagogik, in der es in keiner Weise darum ging, den Schülern Spaß am Lernen zu vermitteln. So pflegte er seine Unterrichtsübungen nach dem Prinzip auszusuchen: »Je unschmackhafter man sie findet, je mehr vergnügt es mich.« Offenbar glaubte er, dass nur mit Schweiß und Tränen die spätere Meisterschaft erreicht werden könne. Trotzdem wäre es unfair, Leopold Mozart als gnadenlosen Kinderschinder zu bezeichnen. Denn dem Sohn machten das Klavierspiel und die Musik Freude, man musste ihn gar nicht dazu zwingen. Die Musik war Teil seines Wesens, und wenn man ihn musizieren ließ, stülpte man ihm nichts über, was er gar nicht wollte. Es war eher so, wie wenn man heute Lionel Messi einen Fußball gibt – er fühlte sich in seinem ureigensten Element. Die ersten Jahre im Leben des jungen Mozart waren zweifelsohne glücklich.

Doch das änderte sich, als der Vater beschloss, mit seinen Wunderkindern auf längere Konzertreisen zu gehen. Er hatte das Musikpublikum nämlich sorgfältig beobachtet und dabei festgestellt, dass es ein Faible für winzige Goldkehlchen, Klavierengelchen und Geigerteufelchen entwickelt hatte. Das Interesse reichte sogar hinauf bis in die allerhöchsten Adelskreise. Musikalische Wunderkinder boten damals enorme Perspektiven für den Geldbeutel und den sozialen Status, deswegen ging Leopold mit seinen Kindern auf Tour. Die erste führte sie im Januar 1762 für drei Wochen nach München – Wolfgang war zu diesem Zeitpunkt fünf Jahre alt. Danach ging es fast ohne Pause weiter quer durch Europa.

Die Kinder mussten enorme Strapazen erdulden, denn Reisen war damals etwas anderes als heute, wo man sich schon darüber empört, wenn man im Bahnhof zehn Minuten auf seinen vollklimatisierten ICE wartet. Im 18. Jahrhundert musste man stundenlang in rumpelnden Pferdekutschen sitzen, in ständiger Angst vor Räubern oder aber davor, nicht rechtzeitig vor Torschluss in den Städten zu sein. Die Unterkünfte waren verdreckt und kalt, es gab kein fließendes Wasser, und die hygienischen Verhältnisse beim Kochen der Speisen sowie beim Entsorgen von Kot und Urin waren einfach nur katastrophal. Die Mozarts hatten zudem kein Geld für größere Zimmer und mussten in engen Betten aneinandergepresst schlafen: Mutter mit Tochter, Vater mit Sohn. Das klingt vielleicht zunächst kuschelig, bedeutet aber letzten Endes nur, dass die Familie fleißig Keime untereinander austauschte. Hinzu kam, dass Vater Leopold von ängstlicher Natur war, also keinesfalls der mutig anpackende Reiseführer war, den die Familie gebraucht hätte. Kurz gesagt: Nannerl und Wolfgang waren unter Bedingungen unterwegs, die man kleinen Kindern schlichtweg nicht zumuten darf. Die Folgen dieser Strapazen zeigten sich schon bald.

Im Herbst 1762 wurde Wolfgang auf einer Reise nach Wien ernsthaft krank. Sein Vater notierte: »Er klagte über Schmerzen ... Als er im Bette war, untersuchte ich die Orte, wo er die Schmerzen zu fühlen vorgab; ich fand etliche Flecken in der Größe eines Kreuzers, die sehr rot und etwas erhaben waren ... Er hatte Hitzen, und wir gaben ihm Schwarzpulver und Margrafenpulver.« Aus diesen Zeilen spricht einerseits, dass der Vater besorgt um seinen Sohn war, andererseits aber auch, dass er sich an seinen Kindern hemmungslos als Arzt versuchte, sowohl in der Diagnose als auch in der Therapie. Schwarz- und Margrafenpulver gehörten dabei zu seinen Standardmedikamenten, obwohl sie nicht wirkungsvoller waren als Sand vom Ufer der Donau. Schwarzpulver wurde ursprünglich gegen Epilepsie eingesetzt, und die Wirkung seiner Bestandteile, wie etwa Lindenholzkohle, Austernschalen, Elfenbein, Hirschhorn und Bernstein, wurde bereits damals als fragwürdig eingeschätzt. 1774 verschwand es ganz aus den Arzneibüchern. Leopold und später auch Wolfgang Amadeus Mozart schworen trotzdem auf das Medikament und ließen es sich von den Apotheken zubereiten.

Margrafenpulver wurde aus neun bis zehn einzelnen Bestandteilen zusammengemischt, darunter Pfingstrosenwurzeln, die bei abnehmendem Mond ausgegraben wurden, sowie Elfenbein, Eichenmisteln, Korallen und Elendsklaue (ein Farngewächs). Die Besonderheit war jedoch die Darreichungsform: Das Margrafenpulver wurde in ein Stückchen Blattgold eingewickelt und dann wie eine vergoldete Pille heruntergeschluckt. Man glaubte, dadurch die Wirkung der Kräuter verstärken zu können. Ob dem so war, ist zweifelhaft. Sicher ist nur, dass Blattgold beim Einnehmen zumindest keinen Schaden anrichtet und dass ein Medikament in einer solch noblen Hülle deutlich teurer zu verkaufen ist.

Leopold Mozarts Medikamente blieben wirkungslos, dem sechsjährigen Wolfgang ging es weiterhin schlecht. Man konsultierte schließlich doch einen Arzt, der einen Scharlachausschlag diagnostizierte. Und was verordnete er? Margrafenpulver. Zusätzlich gab es noch diverse andere Mittel, darunter auch einen Saft aus zerstoßenen Mohnköpfen, in denen sich bekanntlich reichlich Opiate befinden. Eine Wirkung konnte also gar nicht ausbleiben, aber ob sie heilsam war?

Es dauerte lange, bis die Genesung kam. Der Vater klagte, »dass uns die Erkrankung des Buben um respective vier Wochen zurückgeschlagen hat«. Außerdem müsse nun erst einmal das Geld für die konsultierten Ärzte wieder eingespielt werden. Die Ochsentour ging also weiter. Als die Mozarts im Januar 1763 wieder nach Salzburg zurückkehrten, wurde Wolferl erneut von einer schweren Krankheit gepackt. Seine Gelenke schmerzten von Rheuma, und seine Körpertemperatur schoss in die

Höhe. Vom Vater gab es daraufhin wieder die beiden Lieblingspulver, doch einen Arzt holte man diesmal nicht: zu teuer.

Obwohl gesundheitlich geschwächt, wurden die beiden Kinder schon bald wieder herumgereicht. Denn ihr Ruhm wuchs, vor allem der kleine Junge wusste nicht nur durch seine musikalische Virtuosität, sondern auch durch seine unbekümmerte Art das Publikum zu begeistern. Es ging weiter durch die großen Städte Europas.

Im Februar 1764 machte Wolfgang eine so schwere Angina durch, dass er dem Tod nahe war. Der Vater sagte: »Es hängt von der göttlichen Gnade ab, ob er dies Wunder der Natur auch darinnen erhalten oder zu sich nehmen will.« Im Juli 1765 erkrankten beide Kinder an Typhus, in dessen Verlauf die Schwester »bis auf Haut und Knochen« abmagerte. Sie war so geschwächt, dass sie vom Priester bereits die Letzte Ölung bekam. Die Mutter saß Tag und Nacht bei ihren kranken Kindern, halb wahnsinnig vor Angst, dass sie nun auch diese noch verlieren könnte. Vater Leopold hingegen blieb ganz der Manager. Am Krankenlager war er kaum zu sehen, weil er sich um weitere Auftritte und um die PR-Arbeit für die bereits abgemachten Konzerte bemühte. Immerhin betonte er später, wie großartig Anna Maria sich in dieser Zeit um ihre Kinder gekümmert und nicht mit einem Wort geklagt habe, obwohl sie drei Monate lang »im Zimmer gefangen war«.

Etwa ein Jahr später musste Wolfgang Amadeus noch einen neuen Schub seines Gelenkrheumas über sich er-

gehen lassen. Der Vater scheuchte die beiden Kinder un-
verdrossen weiter. Im September 1765 ging es wieder
nach Wien, wo gerade die Pocken tobten, und prompt
erkrankten auch die beiden Kinder an dieser lebensbe-
drohlichen Infektion. Als Therapie gab es: Schwarz- und
Margrafenpulver. Wolfgang begann daraufhin tagelang
zu phantasieren – doch er und seine Schwester überleb-
ten. Vater Leopold war darüber so erleichtert, dass er, der
später mit den Freimaurern sympathisierte, in der Kirche heilige Messen für seine Kinder lesen ließ. Sechs für
Wolfgang und eine für Nannerl. Denn für das Auskommen der Familie war der kleine Bruder mittlerweile zum
alles entscheidenden Faktor geworden.

Während die größere Nannerl die Serie an Krankheiten halbwegs ohne Langzeitschaden überstand, wurde
die Gesundheit des kleinen Wolferl nachhaltig geschwächt. Seine rheumatischen Fieberschübe kehrten
ständig wieder, und sein Immunsystem blieb anfällig für
Infektionen. Belastend wirkte sich auch der psychische
Dauerstress aus. So musste er nicht nur permanent kon-
zertieren, sondern bekam vom Vater auch noch ein mo-
biles Klavier, »wegen dem Exercitio auf der Reise«. Pausen gab es also keine, und für Spiele und Freunde fehlten
sowohl die Zeit als auch die Gelegenheit.

Wolfgangs psychische Balance geriet aus den Fugen.
Zuweilen benahm er sich, wie der Vater feststellte, »außer-
ordentlich lustig«, dann aber auch wieder »schlimm«.
Und immer wieder weinte er, aus Angst, dass er Salzburg
und seine Freunde niemals wiedersehen würde.

Doch Vater Mozart hielt an den Konzertreisen fest, er änderte lediglich die Strategie. 1769 erkannte er, dass es keinen Zweck mehr hatte, die mittlerweile achtzehn Jahre alte Nannerl mit auf Tour zu nehmen – sie ließ sich einfach nicht mehr als Wunderkind verkaufen. Die junge Frau blieb fortan bei der Mutter in Salzburg, musikalisch trat sie nur noch als Klavierlehrerin in Erscheinung. Ihrem Vater blieb sie freilich zeitlebens treu ergeben. Selbst nachdem ihr der Patriarch die Heirat mit dem Kammerherrn Franz Armand d'Ippold verboten hatte, hörte man kein despektierliches Wort von ihr. Als sich Wolfgang vom Vater zu distanzieren begann, ergriff sie ebenfalls Partei für den Alten und sendete Vorwürfe an den Bruder. Sie heiratete für die damalige Zeit erst sehr spät, nämlich im Alter von dreiunddreißig Jahren. Es war eine reine Vernunftehe, der aber immerhin drei Kinder entsprangen. Nannerl starb im gesegneten Alter von achtundsiebzig Jahren – und wurde damit mehr als doppelt so alt wie ihr Bruder.

Für den gingen nämlich 1769 die Konzertreisen weiter; diesmal führte der Weg Vater und Sohn nach Italien. Der Erfolg war so triumphal, dass die beiden das Land zwei Jahre später gleich noch einmal besuchten. Dabei fing sich Wolfgang wieder eine schwere Erkrankung ein, die ihm offenbar stark zusetzte. So schrieb Nannerl in einem Brief, dass ihr »Bruder ein recht hübsches Kind« gewesen sei, doch nach dem letzten Italienaufenthalt hätte sich zu den Pockennarben aus der Wiener Zeit noch eine »welsche gelbe Farbe« gesellt, die ihn endgültig »verunstaltet« habe. Das klingt nach einer Leberentzündung, doch sicher ist das nicht. Leopold und Wolfgang schwiegen sich zu der Krankheit aus.

Im September 1777 wollten Vater und Sohn nach Paris. Wolfgang sollte dort als Komponist etabliert werden, denn dadurch ließen sich, so dachte es sich der stets strategisch denkende Leopold Mozart nachhaltigere Einkünfte sichern als durch die bloße Interpretentätigkeit. Möglicherweise würde sich ja sogar irgendwo eine Stelle als Hofmusiker anbieten. Doch Leopolds Arbeitgeber in Salzburg, Erzbischof Hieronymus Graf von Colloredo, verweigerte der Reise seine Zustimmung. Und so musste Wolfgang mit seiner Mutter fahren. Für den Vater war dies eine Qual, die er kaum aushalten konnte, er wurde sogar ernsthaft krank. Wolfgang hingegen war weniger betrübt. Endlich konnte er reisen, ohne das unbarmherzige Regiment des Vaters auf jedem Meter zu spüren. Außerdem war Anna Maria mittlerweile so kurzatmig und korpulent geworden, dass sie dem zwanzigjährigen Jungspund mit seiner ausgeprägten Neigung zu Schlendrian und Verschwendung keine Fesseln mehr anlegen konnte.

Bis Paris kamen die beiden aber gar nicht – die Reise endete zunächst in Mannheim, wo sich Wolfgang in die Sängerin Aloysia Weber verliebte und darüber sämtliche musikalischen Ambitionen vergaß. Die Mutter saß währenddessen allein in ihrer Absteige, was sie – wie alles in ihrem Leben – ohne Murren hinnahm. Dem Vater schrieb Wolfgang fadenscheinige Briefe zur Beruhigung, die dieser allerdings sofort als Täuschungsmanöver erkannte. Er antwortete, dass er die Zeilen des leichtlebigen Sohnes »mit Verwunderung und Schröcken« gelesen habe und »die ganze Nacht nicht schlafen« konnte. Der Patriarch spielte sogar mit dem Gedanken, das ganze Reiseprojekt abzusagen, verzichtete dann aber darauf, weil ihm letzten Endes die Karriere von Wolfgang wichtiger war als dessen hundertprozentige Folgsamkeit. Also gab er mit scheinheiligen Worten schließlich seinen Segen: »Mein lieber Sohn, wenn du glücklich bist, so bin ich, so ist deine Mutter, so ist deine Schwester, so sind wir alle glücklich.« Aber ihm war nicht wohl, als Mutter und Sohn schließlich doch noch nach Paris weiterfuhren.

Tatsächlich wurde Paris zur Tragödie, auch wenn diese anders verlief als Leopold, der voller Warnungen vor den »Gefahren« und »Frauenzimmern« der französischen Weltstadt gewesen war, befürchtet hatte. Paris wurde nämlich für Anna Maria Mozart zur letzten Etappe ihres Lebens. Die Siebenundfünfzigjährige bekam Fieber, vermutlich von Typhus, und starb.

Leopold Mozart war außer sich und machte Wolfgang den Vorwurf, Mitschuld am Tod der Mutter zu tragen, die ja nur aus Liebe zum Sohn auf die beschwerliche Reise gegangen sei: »Sie musste in Paris sterben, weil sie in Salzburg nicht gestorben wäre … Ich hoffe, dass du, nachdem deine Mutter mal à propos in Paris hat sterben müssen, du dir nicht auch die Beförderung des Todes deines Vaters über dein Gewissen ziehen willst.« Das waren schwere, haarsträubende Anklagen und Mahnungen, in denen der Vater geflissentlich übersah, dass er selbst seine Frau zusammen mit Wolfgang losgeschickt hatte. Der Gescholtene jedenfalls verspürte nun keine sonderliche Lust mehr, nach Salzburg zurückzukehren.

Wolfgang reiste nach Mannheim und München, seiner großen Liebe Aloysia hinterher, und hegte die Hoffnung, irgendwo eine Anstellung zu finden. Die Briefkorrespondenz zu seinem Vater reduzierte er auf das Notwendigste, was diesen »eine Todesangst nach der anderen« erleben ließ. Doch der Sohn wollte sich den Klauen des Patriarchen endlich entziehen. Sein Pech war jedoch, dass in Mannheim und München niemand etwas von ihm wissen wollte, auch seine Geliebte nicht. Also kehrte er schließlich doch zu seinem Vater zurück, der ihm auch gleich eine Stelle als Hoforganist besorgte – auf Lebenszeit! Das interessierte Wolfgang gar nicht. Das provinzielle Salzburg und erst recht die Nähe zum Vater wollte er nicht mehr ertragen. Im Januar 1781 kündigte er und zog nach Wien.

Tatsächlich zeigte die Befreiung von den Fesseln Salzburgs schon bald ihre Wirkung. In Wien entfaltete der junge Komponist eine ungeheure Kreativität, er schrieb seine großen Opern *Die Entführung aus dem Serail*, *Figaro* und *Don Giovanni*. Und er verliebte sich in Constanze Weber, die Schwester von Aloysia, die ihn dereinst verlassen hatte. Vater Mozart war strikt gegen diese Beziehung, hatte er doch eine andere Frau für seinen Sohn auserkoren. Aber Wolfgang Amadeus Mozart war nicht mehr bereit, sich zu verbiegen. Er heiratete Constanze, noch ehe die schriftliche Erlaubnis dazu aus Salzburg eingetroffen war.

Das Verhältnis zwischen Vater und Sohn kühlte danach auf Gefrierpunktnähe ab. Ihre Kommunikation verebbte, und in Leopold Mozarts Briefen an die Tochter taucht Wolfgang nur noch als »dein Bruder« auf. Dennoch kam der Vater 1785 zu einem Besuch nach Wien. Er gab einerseits den Nörgelpapa, beklagte, dass Wolfgang abgemagert sei und im Haus der jungen Eheleute überall Kleidungsstücke herumlägen. Andererseits war er aber auch stolz auf die Erfolge seines Sohnes, bei dessen Konzerten sogar der Kaiser ein begeistertes »Bravo, Mozart!« ausrief. Als der Vater nach Salzburg zurückfuhr, hatte er zumindest die Gewissheit, dass seine musikalische Erziehung Früchte getragen hatte.

Was er aber nicht sah und wohl auch nicht sehen wollte: Die vielen Reisen, auf die er seinem Wolferl seinerzeit mitgeschleppt hatte, und die vielen daraus resultierenden Krankheiten hatten den Gesundheitszustand seines Sohnes nachhaltig geschwächt. In Wien ging es körperlich mit ihm nur noch bergab: »Ich lege mich nie zu Bette, ohne zu bedenken, dass ich vielleicht (so jung als ich bin) den anderen Tag nicht mehr sehen werde.« Die Beschwerden waren eigentümlich diffus: Rückenschmerzen, Mattigkeit, Depressionen, Ohnmachtsanfälle, Schreckhaftigkeit und geistige Abwesenheiten. Dass Wolfgang abgemagert war, wie es schon der Vater bemerkt hatte, war nicht etwa dem Mangel an Verköstigung, sondern dem Umstand geschuldet, dass er keinen

Appetit mehr hatte und kaum noch Essen bei sich behalten konnte. Die Ärzte standen vor einem Rätsel. Der Patient selbst glaubte zwar, dass man ihn vergiftet habe, doch tatsächlich gab es keinen konkreten Hinweis darauf. Es gab nicht einmal jemanden, der ein Motiv gehabt hätte. Denn Mozarts große Zeit als Musiker währte nur kurz, gerade ein halbes Jahr – zu kurz, um irgendwelche Neider einen so langwierigen Mordplan wie den des langsamen Vergiftens aushecken zu lassen. Tatsache war vielmehr, dass Mozart körperlich einfach nicht auf der Höhe war. Vor allem seine Leber und sein Immunsystem waren stark angegriffen, vermutlich infolge der Infektion, die er auf einer Italienreise erlitten hatte.

Ab dem 20. November 1791 konnte Mozart sein Bett nicht mehr verlassen. Hände und Füße wurden dick, schließlich dehnten sich die Schwellungen auf den ganzen Körper aus. Man versuchte, sie mit Hilfe straffender Nachtjacken zurückzudrängen – vergeblich. Der Schwerkranke starb am 5. Dezember 1791, kurz vor seinem sechsunddreißigsten Geburtstag. Er überlebte seinen Vater um nicht einmal drei Jahre.

## John F. Kennedy: »Wenn du nicht der Chef sein kannst, spiele nicht«

Wann ist das Leben eine Tragödie? Wenn man unter glücklichen Bedingungen aufwächst, umsorgt und in einer intakten Familie, und dann das Schicksal unerwartet und grausam zuschlägt? Oder wenn man bereits mit schlechten Karten auf die Welt kommt und niemals eine echte Chance hat? Für Rosemary, die jüngere Schwester von John F. Kennedy, traf beides zu. Ihr Leben war eine Tragödie, egal, aus welcher Sicht man es betrachtet.

Rosemary wurde 1918 mitten in eine Grippewelle hineingeboren. Sie überlebte zwar ihre Geburt, doch sie blieb in ihrer geistigen und körperlichen Entwicklung zurück. Mit fünf Jahren konnte sie sich nicht selbst anziehen und auch nicht ohne Hilfe essen. Trotzdem wollten ihre Eltern sie nicht, wie es damals üblich war, in eine Anstalt geben, sondern zu Hause aufziehen. Mutter Rose kümmerte sich – mit Unterstützung einer Pflegerin – aufopferungsvoll um ihre Tochter, und sie verlangte von ihren anderen Kindern, dass sie die Schwester nicht als Zurückgebliebene, sondern als Gleiche behandelten. Es funktionierte. Die Familie der Kennedys war intakt genug, um diese Belastung zu meistern. Rosemary wuchs zunächst zu einer lebenslustigen und schönen Frau heran.

John Fitzgerald Kennedy lernte im Umgang mit seiner behinderten Schwester das Mitgefühl und Verständnis für Menschen, die weniger vom Glück begünstigt waren als er selbst. Diese Fähigkeit zur Empathie sollte sich später in seiner politischen Karriere als großer Pluspunkt erweisen. Für Rosemary verlief das Leben jedoch weniger glücklich. Im Alter von einundzwanzig Jahren stand sie zwar in körperlicher Blüte und schaffte sogar einen

Abschluss in Montessori-Pädagogik, doch sie erkannte auch, dass sie mit ihren Überflieger-Geschwistern nicht mithalten konnte. Und das machte sie aggressiv. Sie bekam immer wieder Wutausbrüche und schlug ihre Pfleger. Vater Joseph befürchtete außerdem, dass die hübsche, aber naive Rosemary ungewollt schwanger werden könnte. Also brachte er seine Tochter zu einem Hirnchirurgen, der eine Präfontal-Lobotomie durchführen ließ: eine neurochirurgische Operation, bei der gezielt Nervenbahnen im Gehirn ausgeschaltet werden. Bei Rosemary sollte sie vor allem das Triebleben bändigen.

Der Eingriff endete in einer Katastrophe. Die junge Frau war danach nicht wiederzuerkennen. Sie entwickelte schwere Persönlichkeitsstörungen, konnte nur noch brabbeln, wurde inkontinent und musste zeitweise im Rollstuhl fahren. Von da an verschwand sie aus dem öffentlichen Leben der Kennedys, denn ein geistig behindertes Familienmitglied konnte für ihre politischen Ambitionen zum Stolperstein werden. Rosemarie wurde zunächst in einer New Yorker Klinik versteckt. Die Rechnungen wurden pünktlich bezahlt, doch Besuch hat Rosemary von ihrer Familie nicht bekommen. Dann ließ Vater Joseph seine Tochter nach Wisconsin verfrachten, in ein Kloster. Sprach man ihn auf Rosemary an, geriet er in Rage. Der Patriarch wollte nichts mehr von ihr wissen, selbst die Familienfeiern zu Weihnachten blieben ihr versagt.

Auch John bekannte sich erst 1960 öffentlich zu Rosemary, um seine Präsidentschaftskandidatur nicht durch unliebsame Enthüllungen zu gefährden. Er verschwieg dabei jedoch die Lobotomie und fabulierte stattdessen von einer Hirnhautentzündung, der seine Schwester zum Opfer gefallen sei. Was deutlich macht: Die Kennedys waren zwar innerhalb der Familie bereit, Grenzen und Beschränkungen auf sich zu nehmen. Doch Versager waren unerwünscht, und erst recht durfte niemand von außen etwas über die Schwachstellen im Kennedy-System erfahren. Es war der Tribut, den man für den fulminanten Aufstieg zu einer der mächtigsten Familien der USA zu zahlen bereit war. Und es war eben dieser Tribut, der John F. Kennedy zu einer extrem markanten, aber auch extrem widersprüchlichen, neurotischen und tragischen Figur der Weltgeschichte machen sollte.

Die Kennedys stammten ursprünglich aus Irland, doch das war ihnen eher peinlich und wurde unter den Teppich gekehrt. Denn im reichen und protestantischen Boston, wo sie letzten Endes gelandet waren, hatten katholische Iren einen schweren Stand. Bereits Johns Großeltern versuchten, möglichst wenig irisch zu erscheinen und in der Lokalhierarchie der Stadt schnell und weit nach oben zu kommen, nach dem Muster: Wenn du oben bist, spielt deine Herkunft keine Rolle mehr. Und Joseph und Rose, die Eltern des späteren Präsidenten, trieben diese Geisteshaltung zur Perfektion.

Joseph Kennedy hatte schon als kleiner Junge Zeitungen ausgetragen, den Touristen Süßigkeiten und Erdnüsse verkauft und an Feiertagen in den Wohnungen der orthodoxen Juden Gaslampen und Feueröfen angezündet, um an Geld zu kommen. Als Fünfzehnjähriger war er Manager, Trainer und erster Baseman einer Baseballmannschaft: Er kaufte deren Uniformen, mietete die Spielfelder und verkaufte die Eintrittskarten – und jedes Mal fiel etwas für ihn ab. Als seine Mannschaftskameraden wegen dieser krakenhaften Emsigkeit Kritik äußerten, machte er ihnen klar, wie egal ihm ihre Einwände waren. Darin offenbart sich bereits seine Lebensphilosophie, die er später seiner Schwester in dem knappen Satz erläuterte: »Wenn du nicht der Chef sein kannst, dann spiele nicht.«

1908 ging Joseph zur Elite-Universität von Harvard, wo er weiter an seinem sozialen Netzwerk bastelte. Sein Stern stieg unaufhaltsam nach oben, und dabei begegnete er Rose Elizabeth Fitzgerald. Sie war die älteste Tochter des Bostoner Bürgermeisters und stammte aus einem wohlhabenden und traditionsreichen Haus, wo man dem jungen Aufsteiger zunächst nichts abgewinnen konnte. Doch die beiden jungen Menschen flogen aufeinander, und dagegen war kein Kraut gewachsen. »Ich habe mich nie ernsthaft für eine andere interessiert«, sagte Joseph Kennedy später. Was ihn allerdings nicht daran hinderte, permanent fremdzugehen.

Im Oktober 1914 war Hochzeit. In den folgenden Jahren bekam das Paar neun Kinder. Am 29. Mai 1917 wurde John Fitzgerald Kennedy geboren. In dieser Zeit wurde sein Vater im Alter von gerade mal achtundzwanzig Jahren in den Vorstand eines großen Unternehmens berufen. Etwas später machte man ihn zum Manager einer Werft, die ihr Geld mit Rüstungsaufträgen verdiente und daher gerade – auf dem Globus tobte der Erste Weltkrieg – fabelhafte Renditen einfuhr. Joseph verstand es, diese Renditen noch weiter zu steigern, und das wurde belohnt. Bei seinem Abschied im Sommer 1919 gab es eine Gratifikation, die seine Familie endgültig in der reichen Oberschicht Bostons etablierte. Ende der Zwanziger baute er sich mit Aktienspekulationen und Schnapshandel ein Millionenvermögen auf. Die Kennedys waren dort, wo sie hinwollten – und es bestanden gute Aussichten, noch viel weiter zu kommen.

Rose war dabei weit mehr als nur die Frau, die ihrem Mann den Rücken für seine Karriere freihielt. Sie war auch eine wesentliche ideologische Säule der Kennedys. So vermittelte sie ihren Kindern einen absoluten Leistungswillen und die bis zur Selbstaufgabe gehende Fähigkeit, klaglos Hindernisse und eigene Schwächen zu überwinden. Als eines ihrer Kinder beim Spielen hingefallen war und sich heulend vor Mama auf den Boden warf, hörte es nur den kurzen Befehl: »Steh auf!« Und das Kind stand auf, und der schmerzgekrümmte Körper straffte sich wieder zur disziplinierten Aufrechtposition. »Jetzt weiß du, wie du dich benehmen sollst«, dozierte Rose. »Geh wieder raus und benimm dich, wie es sich gehört.«

Im Haus der Kennedys waren Haltung und Selbstkontrolle ähnlich wichtig wie am Hof der preußischen Hohenzollern – Tugenden, die John zweifelsohne dabei geholfen haben, zum Präsidenten der Vereinigten Staaten zu werden. Andererseits machten sie sein Leben auch zur Drogenhölle. Denn seine schweren Krankheiten – John litt unter anderem an Nebenniereninsuffizienz und dramatischem Knochenschwund mit schwersten Schmerzen – hätten eigentlich ein weniger anstrengendes Leben gefordert als das eines politischen Überfliegers. Doch davon wollte er nichts wissen. Um Leistung zu bringen, konsumierte er lieber kiloweise Cortison, Sexualhormone und andere Drogen, anstatt sein Leben seinem Gesundheitszustand anzupassen.

Am Ende nahm Kennedy die Hilfe des New Yorker Arztes Dr. Jacobsen in Anspruch, der von seinen Patienten »Dr. Feelgood« oder »Miracle Max« genannt wurde, weil er hemmungslos aufputschende Amphetamine verabreichte und sie ebenso skrupellos mit Schmerzmitteln kombinierte. Er versorgte auch Kennedy mit diesen Kombinationen und war dabei so unauffällig – manchmal tarnte er sich sogar als mitreisender Journalist –, dass niemand etwas bemerkte. Als ihre Liaison aufflog und man den Präsidenten auf das Risiko der »Behandlungsmethoden« Jacobsens ansprach, gab er nur barsch zurück: »Und wenn es Pferdepisse ist! Hauptsache, es hilft.« Der Zweck – sprich: das Amt des Präsidenten – heiligte eben die Mittel, und so nahm Kennedy lieber Drogen, als eine Schwäche einzugestehen. Es waren Urtugenden der Kennedy-Dynastie, die John da offenbarte.

Kennedy lernte freilich nicht nur in puncto Leistungsbereitschaft, Disziplin und Selbstaufgabe von seinen

Eltern. Denn die Ehe von Rose und Joseph war, obwohl sie erfolgreich waren und in vielerlei Hinsicht auf einer Wellenlänge lagen, alles andere als harmonisch und stabil. Rose war aufgrund ihrer streng religiösen Erziehung nicht in der Lage, das neue sorgenfreie Leben zu genießen. Und ihr Gatte vergrößerte noch ihre Verdrießlichkeit, indem er pausenlos fremdging.

Was letzten Endes den Ausschlag dafür gab, dass Joseph sich in seiner Ehe zum hemmungslosen Schürzenjäger entwickelte, ist unter Biographen umstritten. Möglicherweise waren es die sexuellen Hemmungen seiner Frau, über die er sich auch im Beisein anderer gerne lustig machte. Möglich wäre aber auch, dass er im psychologischen Sinne ein typischer Sensationssucher war, der nicht nur beruflich, sondern auch privat stets auf neue Herausforderungen und Reize aus war.

In jedem Fall versuchte Joseph gar nicht erst, seine zahllosen Affären geheim zu halten. So schrieb er 1921 einem Theatermanager in New York: »Ich hoffe, Sie haben viele hübsche Mädchen in Ihrer Truppe, die darauf warten, die tollen Iren aus Boston zu treffen, denn ich komme mit einer Bande, die mit wildem Fleisch gefüttert werden will.« Manche seiner Eroberungen brachte Joseph sogar mit nach Hause. Sie aßen dann mit der Familie und wurden Besuchern als Freundinnen der Töchter vorgestellt. Rose versuchte, sich zu trösten, indem sie immer wieder Ausflüge über den Atlantik machte, um dort Sehenswürdigkeiten zu besuchen und die neueste Mode einzukaufen.

Joseph Kennedy betätigte sich auch im Filmgeschäft. Als er im November 1927 die Schauspielerin Gloria Swanson traf, hatte ihn ein Kolumnist gerade zum »Napoleon von Hollywood« geadelt. Gloria galt damals als Sex-Göttin, und die beiden begannen eine leidenschaftliche Affäre. Für Josephs Männer-Ego war sie die ultimative Trophäe. Er vernachlässigte seine Familie und versäumte sogar das Begräbnis seines Vaters, um bei seiner Geliebten sein zu können. Auf der anderen Seite präsentierte er sich öffentlich weiterhin als treusorgender Ehemann, ganz nach der Kennedy-Devise, dass große Menschen zwei Leben haben dürfen: eines für die Öffentlichkeit und eines für zu Hause.

Es kam beinahe zum Eklat, weil sich Josephs Schwiegervater einmischte und drohte, seiner Tochter von der Affäre zu berichten. Eine naive Drohung, denn Rose wusste wohl ohnehin schon davon. Aber sie machte Joseph zornig, und er drohte seinerseits, sich scheiden zu lassen, um seine Geliebte heiraten zu können. Am Ende jedoch zog er sich aus dem Filmgeschäft zurück, und damit wurde auch Gloria zu den Akten gelegt.

Doch die Affäre hinterließ Narben im Familienleben der Kennedys, die niemals heilten. 1932, nach der Geburt des letzten Kindes, teilte Rose ihrem Gatten mit, keinen Sex mehr mit ihm haben zu wollen – und bezog ein getrenntes Schlafzimmer.

Die besondere Ausprägung der Ehe seiner Eltern hatte natürlich auch Einfluss auf Johns Verständnis von Frauen und Liebe. Ein Journalist sagte einmal über seinen Vater, dass Frauen für ihn etwas waren, was ein einflussreicher Mann eben habe – so wie Kaviar: »Das war nicht nur Sex, das gehörte auch zu seiner Vorstellung von Männlichkeit.« Und genau diese Vorstellung prägte auch seinen Sohn, der schon mit siebzehn Jahren ein exzessives Sexualleben pflegte. Er musste dafür kaum etwas tun, denn er kam gut bei den Mädchen an. Dieser Bonus erfüllte ihn mit besonderer Befriedigung, weil ihm in anderen Bereichen nicht alles so mühelos gelang. In seinen schulischen und sportlichen Leistungen konnte er mit seinem großen, später im Krieg gefallenen Bruder Joseph jr. beispielsweise nicht mithalten.

Auch während seines Harvard-Studiums gelangen John diverse Eroberungen. Ein drastischer Brief darüber an einen Freund zeigt, wie stolz ihn das machte: »Ich kann jetzt meinen Schwanz so oft und frei hinkriegen, wo und wie ich will, und das ist ein Schritt in die richtige Richtung.« Das hörte offenbar auch während seiner zahlreichen Krankenhausaufenthalte nicht auf, wie weitere Briefe belegen: »Die Krankenschwestern hier sind das fieseste Weiberpack, das ich jemals gesehen habe … Ich habe von einer wundervollen Blondine einen Einlauf bekommen – das ist das Höchste, was Du an billigem Vergnügen haben kannst, mein Lieber … BD besuchte mich im Krankenhaus, und ich besorgte es ihr in der Badewanne.«

Johns Vater deckte nicht nur die Eskapaden seines Sohnes, er hieß sie auch ausdrücklich gut. Wichtig war ihm nur, dass sie die politische Karriere nicht behinderten. Aber da brauchte er sich keine Sorgen zu machen. Denn John wäre kein Kennedy gewesen, wenn er nicht auch gewusst hätte, dass man als notorischer Schürzenjäger seine Chancen auf ein politisches Spitzenamt und erst recht auf den Job des Präsidenten verspielt. Also heiratete er am 12. September 1953 Jacqueline »Jackie« Bouvier, die er ein Jahr zuvor auf einer Dinner-Party kennengelernt hatte. Die Rollen in dieser Ehe wurden ähnlich verteilt wie in der von Joseph und Rose Kennedy: Er machte Karriere und ging fremd, und sie tröstete sich mit exzessivem Shopping. Die Kosten dafür überstiegen schließlich sogar die stattliche Aufwandsentschädigung des Weißen Hauses. Einem Buchhalter zufolge gab Jackie Kennedy während Johns Präsidentschaft mehr Geld für persönliche Dinge aus, als ihr Mann verdiente – und das waren immerhin 100 000 Dollar pro Jahr. Die Hälfte davon ging für Kleider drauf.

John F. Kennedy jammerte ob dieser Ausgaben, doch eigentlich durfte er sich nicht beklagen. Denn seine Affären wuchsen allmählich zur Legion heran. Er turtelte mit zwei Sekretärinnen des Weißen Hauses, die dort »Fiddle« und »Faddle« genannt wurden – zu Deutsch: Unfug und Quatsch. Die Schwägerin eines befreundeten Journalisten kam ebenfalls auf seine Liste der Eroberungen, wie auch die Pressesekretärin seiner Frau. Weiterhin hatte er eine Affäre mit einer Praktikantin (was ja später zu einer Art Tradition im Weißen Haus werden sollte). Dazu kamen noch diverse Hollywood-Stars, Starlets und Callgirls, die sich John von seinem »Genussminister« und Faktotum Dave Powers heranschaffen ließ.

Eine »Gloria Swanson« hatte der Präsident auch: Marylin Monroe – auch sie ein Filmstar und Sex-Symbol. Legendär wurde, wie sie im Mai 1962 auf der Geburtstagsfeier des Präsidenten ihr »Happy Birthday« hinhauchte, in einem hautengen Kleid, auf dem die Silberpailletten leuchteten wie die Kerzen auf einer Geburtstagstorte. Ob ihre Beziehung allerdings wirklich so eng war wie die zwischen Vater Joseph und seiner Gloria, ist bis heute umstritten. John F. Kennedy hat es immer abgestritten und sogar mit einer eigens gestarteten Pressekampagne versucht, dieses Gerücht zu zerstreuen.

Nichtsdestoweniger ist es schon frappierend, wie stark Kennedy sich in seiner Lebensgestaltung an seinem Vater orientierte. Dabei fand Kennedy senior mit seiner egoistischen, leistungsorientierten und menschenverachtenden Weltsicht keinesfalls das Ende, das man bei einem glücklichen Gewinner erwarten würde. Als sich die ersten Warnzeichen für einen drohenden Schlaganfall einstellten, weigerte er sich, die ärztlich verordneten Medikamente einzunehmen. Denn er hasste es, die Kontrolle abzugeben und sich irgendeine Schwäche einzugestehen. Die Folge: Der Schlaganfall kam und war verheerend. Die letzten acht Jahre seines Lebens vermochte Joseph Kennedy kaum noch zu sprechen und sich zu bewegen. Immerhin: Seine Frau blieb bis zu seinem Tod bei ihm, was in Anbetracht der zahlreichen Affären des Mannes alles andere als selbstverständlich war. Während ihrer vierten Schwangerschaft hatte Rose ihn deshalb sogar einmal verlassen und war zu ihren Eltern gezogen, allerdings schon bald wieder zurückgekehrt. Ihr Vater hatte sie daran erinnert, dass man als Katholikin nicht einfach eine Ehe beenden durfte. Fortan zeigte Rose keinerlei Reaktion mehr, wenn ihr Mann mit anderen Frauen turtelte. Gloria Swanson, ihre wohl größte Konkurrentin, schrieb später in ihrer Biographie, wie unheimlich ihr das vorkam: »Rose muss eine Heilige gewesen sein. Oder ein Schwachkopf. Oder aber einfach eine bessere Schauspielerin als ich.«

## Elizabeth Taylor: Zu alt für Scarlett O'Hara

James Dean konnte den Regisseur und sein Team schon zur Weißglut bringen. So auch an diesem Tag, als einfach keine Einstellung mit ihm gelingen wollte. Vielleicht lag es daran, dass ihn die unmittelbare Nähe zu Stars wie Rock Hudson und Elizabeth Taylor zu sehr unter Druck setzte. Vielleicht lag es auch an den notorischen Selbstzweifeln, die den gerade einmal Vierundzwanzigjährigen plagten. Jedenfalls wollte nichts so recht klappen. Plötzlich verließ Dean den Drehort und ging dorthin, wo sich die Zuschauer drängelten. Er stellte sich mitten unter die Leute, öffnete die Hose – und pinkelte. Dann kehrte er seelenruhig zum Set zurück. Die nächste Szene klappte gleich beim ersten Mal. Für die meisten Mitglieder der Filmcrew war spätestens jetzt endgültig klar, dass mit diesem Mann etwas nicht stimmen konnte.

In der Tat war James Dean ein ziemlich schwieriger Charakter. Aber für einen Film wie *Giganten*, in dem es um viel Kaputtes und Neurotisches ging, war er genau die richtige Besetzung, weswegen Regisseur George Stevens trotz aller Widrigkeiten an ihm festhielt. Unter den Schauspielerkollegen blieb Dean jedoch immer ein Außenseiter. Es gab nur eine Person, die ihn anders sah: Elizabeth Taylor. Kaum jemand verstand damals, was die atemberaubende Hollywood-Schönheit an dem ständig in sich hineinnuschelnden Underdog fand. Einige unterstellten dem ungleichen Paar eine Affäre, doch es war nicht der Eros, der die beiden verband. Sie konnten ganz einfach gut miteinander reden. »Manchmal blieben wir bis drei Uhr morgens auf, und er erzählte mir von seiner Vergangenheit, von seiner Mutter oder seinen Liebschaften«, erzählte die Taylor später in ihrer Autobiographie, »und am nächsten Tag sah er mich dann überhaupt nicht an ... Meist dauerte es dann wieder ein paar Tage, bis wir wieder freundschaftlich miteinander verkehren konnten. Er hatte große Angst, zu viel von sich preiszugeben.«

Wenige Tage später starb Dean bei einem Autounfall. Der Schock in der Crew war groß, doch die *Giganten* mussten zu Ende gebracht werden. Einen Tag nach der Tragödie ließ Regisseur Stevens die Arbeit wieder aufnehmen, doch Elizabeth Taylor wollte nicht weitermachen. Oder besser: Sie konnte nicht. Doch Stevens bestand auf ihre Mitarbeit, zwang sie zum Set, mit der

Folge, dass die Schauspielerin zusammenbrach. Sie kam ins Krankenhaus, wo man unter anderem Blasenentzündung, Blutstau und Darmverschluss diagnostizierte. Stevens versuchte daraufhin, den Film mit einem Double für die Taylor zu beenden. Es klappte nicht. Er musste warten, bis das Original wieder zum Set zurückkehrte. Die *Giganten* waren einige Wochen später im Kasten, als man ursprünglich gehofft hatte.

Seitdem wird gerätselt, warum Elizabeth Taylor von Deans Tod so hart getroffen wurde. Die beiden hatten einige lange Gespräche geführt, und sie hatte ihm eine Katze geschenkt, aber er war ihr gegenüber eigentlich niemals nett gewesen. Außerdem hatte sie zu Rock Hudson weitaus mehr und intensivere Kontakte gehabt. Warum also diese große Betroffenheit? Vielleicht fand Hudson noch die beste Antwort darauf: »Liz ist eine extreme Person; wenn sie jemanden mag, liebt sie ihn, wenn jemand ihr unsympathisch ist, hasst sie ihn. Im Augenblick seines Todes begann sie, Dean zu lieben. Sie vergaß dann einfach, wie schlecht er sie behandelt hatte.«

Diese Fähigkeit, im Zustand der Liebe alles Schlechte ausblenden zu können, diese kompromisslose und geradezu betriebsblinde Mütterlichkeit wurde Elizabeth Taylor keineswegs in die Wiege gelegt. Im Gegenteil, sie hatte keine Mutter, die ihr Mütterlichkeit vorlebte. Sondern eine Mutter, die sich in ihrer Tochter ausleben wollte. Aber manchmal sind es ja gerade die abschreckenden Beispiele, die einen Charakter positiv prägen.

Als Elizabeth Taylor am 27. Februar 1932 in London geboren wurde, war sie noch ziemlich weit entfernt von jenem Schönheitsideal, das sie später verkörpern sollte. Denn sie litt an Hypertrichose; sie hatte also mehr Haare am Körper als so mancher Affe, wenn er zur Welt kommt. Mutter Sara beschrieb ihre Tochter als das »seltsamste Baby«, das sie je gesehen habe: »Es hatte langes, schwarzes Haar. Die Ohren waren mit dickem, schwarzem Flaum bedeckt und in den Kopf hineingedrückt; die Nase sah aus wie ein mit Stoff bezogener Knopf, und das winzige Gesicht war so runzlig, dass ich dachte, es würde diese tiefen Falten für immer behalten.« Außerdem weigerte sich das kleine Haarbündel mehrere Tage lang, die Augen zu öffnen und irgendeinen Muckser von sich zu geben. Die Ärzte waren irritiert, die Mutter entsetzt – und Besucher äußerten das Bedauern darüber, dass die Tochter nicht annähernd so schön war wie ihr älterer Bruder, der gerne mit einem Renaissanceengel verglichen wurde: »Ist es nicht schade, dass Elizabeth das Mädchen und Howard der Junge ist?«

Aber schon einige Wochen später erwachte Liz zum Leben, und auch der Haarwuchs reduzierte sich auf das, was man von einem kleinen Mädchen gewohnt ist. Sie war zwar schon fünfzehn Monate alt, als sie mit dem Laufen begann, doch dann stand sie umso sicherer auf ihren Füßen. Mit zwei Jahren war aus dem Affenbaby eine grazile Schönheit mit dunklem Haar, langen Wimpern, glänzenden Augen und einem winzigen Leberfleck auf der rechten Wange geworden. Eigentlich ein großes

Glück – doch es besiegelte gleichzeitig das Schicksal des Kindes und beendete seine Kindheit.

Denn Mutter Taylor war eine Ex-Schauspielerin, der die große Karriere versagt geblieben war. Sie betonte zwar stets, dass sie der Ehe und der Kinder wegen auf ihre eigene Schauspielerlaufbahn verzichtet hätte, doch tatsächlich war sie bei Probeaufnahmen für große Hollywoodstudios wie etwa Metro-Goldwyn-Mayer (MGM) einfach nur durchgefallen – nicht etwa, weil sie schlecht schauspielerte, sondern weil man mit ihrem Gesicht nichts anfangen konnte. Seitdem stand für Sara fest, dass Schönheit eine entscheidende Rolle spielte, wenn man weiterkommen wollte. Und so war sie zunächst beruhigt, dass ihre beiden Kinder in dieser Hinsicht gesegnet waren. Andererseits verstand sie es aber auch als Aufforderung, sie so früh wie nur möglich zu Mitgliedern der feinen Gesellschaft zu formen. Denn Sara Taylor und ihr Ehemann Francis, ein Kunsthändler, gehörten bereits zur gehobenen Bürgerschicht – und ihre Kinder sollten es noch viel weiter bringen.

Liz konnte kaum sitzen, als sie eingewiesen wurde, wie man der Etikette gemäß Austern und Folienkartoffeln zu essen hatte. Ihr Muttermal wurde mit einem Augenbrauenstift ausgemalt, und sie musste adrette Kleidchen anziehen, die für eine Kommunion, aber kaum zum Spielen taugten. Im Alter von vier Jahren bekam sie Ballettunterricht, durch den sie erstmals auf einer Bühne auftreten durfte. Bei dieser Aufführung zeigte sich, dass Liz als Tänzerin ziemlich unbegabt war. Doch sie wusste, wie man trotzdem Beifall erheischen konnte: Nämlich dadurch, dass man nach der Aufführung einfach stehen blieb und sich mehrmals verbeugte. Ihre Mutter schwärmte: »Seit dieser Veranstaltung wusste ich … dass die Zeit kommen würde, wo sie in meine Fußstapfen treten würde.«

Vater Taylor war beruflich viel unterwegs, außerdem schien ihn kaum zu interessieren, was mit seinen Kindern geschah. Also konnte Sara die Kinder ungehindert auf High Society drillen. Sofern sie sich störrisch zeigten oder gar auflehnten, reagierte die Mutter mit Liebesentzug und eisigem Schweigen. Manchmal hielt dieser Zustand über Tage oder sogar Wochen an! Howard konterte, indem er seine Mutter ebenfalls ignorierte. Doch Liz knickte regelmäßig ein und legte der Mutter kleine Entschuldigungszettel unters Kopfkissen, um ihr Schweigen aufzuweichen – eine Verhaltensweise, die sie später auch in ihren ersten Ehen zeigte. »Dass man sie ignorierte, schmerzte sie mehr, als wenn man sie geschlagen hätte. Sie konnte es nie ertragen, wenn man ihr die Liebe entzog«, erzählte später Richard Burton, mit dem Liz in fünfter und sechster Ehe verheiratet war.

Nach Beginn des Zweiten Weltkriegs verließ die Familie London, um ihr Glück in den USA zu suchen. Die Eltern waren amerikanische Staatsbürger, für sie war es also eher eine Rückkehr, und bei der Einreise mussten auch keine besonderen Hürden genommen werden. Allerdings musste der Vater beruflich noch einmal von vorne beginnen. Er zog mit seiner Familie schließlich nach Beverly Hills, weil er hoffte, in der Filmszene Käufer für seine Bilder zu finden.

Es blieb schwierig für ihn, doch dafür ging es seiner Frau umso besser. Denn sie war jetzt ganz nah am großen Ziel: Hollywood, Ort ihrer Träume. Zwar träumte sie inzwischen nicht mehr für sich selbst, und auch ihr Sohn ließ sich von ihren Ambitionen nicht länger vereinnahmen (aus Protest gegen den Schönheitskult hatte er sich sogar einmal den Schädel kahl geschoren). Es war Elizabeth, mit der die Mutter Großes vorhatte. Denn in der Filmmetropole boomte gerade das Geschäft mit Kinderstars wie etwa Shirley Temple und Judy Garland. Ihr Verfallsdatum stand unmittelbar bevor, sie wurden allmählich zu alt für Kinderrollen, und so war es für Mutter Taylor geradezu logisch, dass nun die Zeit für ihre Elizabeth gekommen sei.

Im Dezember 1939 suchte MGM ein Mädchen, das in *Vom Winde verweht* die Tochter der von Vivien Leigh besetzten Scarlett spielen sollte. Die kleine Taylor sah der großen Leigh durchaus ähnlich, so dass sich Sara große Hoffnungen machte. Stundenlang lief sie mit ihrer Tochter vor dem Haus und dem Büro des Produzenten David Selznick auf und ab. Der Hollywood-Mogul wurde sogar aufmerksam, notierte aber danach: »Heute die kleine Taylor gesehen. Sieht ganz nett aus. Einziges Problem: Gesicht und Augen eines Erwachsenen. Daher für die Rolle ungeeignet.« Offenbar hatte die siebenjährige Liz – wohl auch durch das High-Society-Programm ihrer Mutter – nicht mehr genug Kind in sich, um glaubhaft die Tochter von Scarlett spielen zu können.

Auch die Versuche, Liz als Sängerin zu etablieren, scheiterten. Dabei bekam sie sogar mehrfach Gelegenheit zum Vorsingen, doch dieser Aufgabe war sie nicht einmal annähernd gewachsen. Hollywood-Kolumnistin Hedda Hopper war bei einem dieser Termine dabei und beschrieb ihn als »eine der schmerzvollsten Torturen«, die sie jemals erlebt hätte: »Diese schreckliche Mutter forderte das Mädchen auf: Nun komm, Liebes. Sing uns etwas vor! Und dann piepste sich das reizende Wesen mit den riesigen Augen durch das Lied, mit zitternder Stimme und halb ohnmächtig vor Angst.«

Mutter Sara ließ sich durch solche Erlebnisse jedoch nicht entmutigen. Liz wurde weiter zum Vorsingen und Vorspielen geschickt, außerdem bekam sie neben dem normalen Schulunterricht noch Ballett- und Reitunterricht. Ein gewaltiges Programm, das keinen Raum zum Spielen mit anderen Kindern ließ. Dabei hätte Elizabeth, wie sie später zugab, unendlich gerne das Leben eines normalen Kindes gehabt. Ihr selbst lag nichts am Erfolg im Rampenlicht. Sie war anders als Steffi Graf, die zwar vom Vater gedrillt, aber auch von ihrem eigenen Interesse am Tennis zur Sportlerkarriere getrieben wurde. Und auch anders als Michael Jackson, der nicht nur vom Vater in die Musik gezwungen, sondern auch von einer leidenschaftlichen Liebe zu ihr getragen wurde. »Elizabeth hatte niemals wirkliches Interesse für die Schauspielerei«, so die Journalistin Eleanor Harris. »Sie wurde ausschließlich von ihrer Mutter dazu gedrängt.« Auch hatte die kleine Taylor im Unterschied zur alten Taylor keine sonderliche Begabung fürs darstellende Fach. Ihre Talente zeigten sich eher in der Schule, wo sie sich wohl fühlte und stets gute Noten sammelte.

Dennoch bekam Elizabeth als Neunjährige einen Vertrag bei den Universal Studios – aufgrund des emsigen Networkings ihrer Mutter und aufgrund ihres Gesichts, das viele an eine griechische Göttin erinnerte. Bei ihrem ersten Drehtag im Studio – sie sollte ein verzogenes Kind spielen! – rief ihr der Kameramann zu: »Hey Baby, geh zurück in die Maske und sag denen, sie sollen dir den Augenbrauenstift abwaschen.« Dabei war Elizabeth noch gar nicht in der Maske gewesen.

Knapp ein Jahr nach Beginn des Vertrags wurde dieser schon wieder gekündigt. Nicht etwa, weil Universal unzufrieden mit Elizabeth gewesen wäre, sondern weil Mutter Sara unzufrieden mit den Rollen für ihre Tochter war. Sie lag den Verantwortlichen von Universal so lange mit ihrer Kritik in den Ohren, bis die schließlich von sich aus den Kontrakt kündigten.

Für Elizabeth Taylor war es eine Erlösung: Endlich konnte sie ein Mädchen unter anderen sein. Sie schloss Freundschaften, alberte herum und genoss die Schule. Als man sie dort nach ihren Berufswünschen fragte, antwortete sie: »Ballerina, Krankenschwester, Tierärztin, erster weiblicher Feuerwehrmann.« Was man eben als Zehnjährige so von sich gibt. Doch Mutter Sara bastelte weiter an der Schauspielkarriere ihrer Tochter.

Im Herbst 1942 ergatterte sie für Elizabeth eine Rolle in dem Lassie-Film *Heimweh*. Er verhalf ihr nicht gerade zum Durchbruch, die junge Schauspielerin wurde nicht einmal im Vorspann erwähnt. Doch sie erregte Aufmerksamkeit bei Twentieth Century Fox und MGM, wo sie danach für diverse Nebenrollen engagiert und auch für künftige Hauptrollen ins Visier genommen wurde. Elizabeth musste die Schule also wieder verlassen und wurde fortan von Lehrern in den Filmstudios unterrichtet. Was freilich mit dem normalen Schulalltag nichts mehr zu tun hatte. Denn der Unterricht fand zwischen Set und Maske statt, die Schüler rasselten die Hauptstädte der Welt herunter, während man ihnen das Make-up auflegte, und zwischen den Wechseln der Kameraeinstellungen leierte ihnen ein Lehrer die Grammatik vor.

Doch für Mutter Sara war das kein Problem, die Schauspielkarriere ging vor. Und Vater Francis hatte sich mittlerweile aus der Mutter-Tochter-Kiste komplett herausgenommen; er kümmerte sich stattdessen um Howard, der später in Hawaii zum Professor für Ozeanographie ernannt wurde. Liz empfand es »nicht als großen Verlust«, dass ihr Vater sich entfernte. Er hatte sich ja noch nie in nennenswerter Weise in die Erziehung eingebracht, und wenn Liz einen Vaterersatz brauchte, waren ja genug Manager, Regisseure und andere Männer der Film-Branche um sie herum.

Überhaupt wurde ihr Leben zunehmend von der Studiorealität geprägt, die im eigentlichen Sinne ja keine Realität war, sondern ein Kokon, der als Gegenbild zur Wirklichkeit ständig neu konstruiert wurde. Ihre Persönlichkeit formte Elizabeth nach den Figuren, die sie zu spielen hatte. Sie tat dies mit großem Ernst, denn sie hatte ja nichts anderes mehr. Dies führte einerseits dazu, dass sie langsam zu einer wirklich guten und vielschichtigen Schauspielerin heranreifte. Die Kehrseite war, dass sie als eigenständige Persönlichkeit unterging und zunehmend vereinsamte. In ihrer Verzweiflung legte sie sich einen Privatzoo aus Hunden, Katzen, Pferden und Eichhörnchen zu. Doch selbst der wurde schließlich der Öffentlichkeit übergeben – PR-Leute des Studios nutzten ihn für ausgiebige Fotoserien. Denn was konnte das Publikum mehr entzücken, als den angehenden Kinderstar mit seinen niedlichen Kuscheltieren zu sehen?

Im Herbst 1943 suchte MGM für den Film *Kleines Mädchen, großes Herz* eine Besetzung für die Rolle des Mädchens Velvet, das bei der Lotterie ein Pferd gewinnt und mit ihm das größte Jagdrennen in England gewinnen will. Die Hauptdarstellerin sollte nach Vorstellung der Filmemacher eine »innere Besessenheit« haben, weswegen man zunächst an Judy Garland dachte, weil die eine besessene Mutter hatte. Doch dann brachte jemand Elizabeth Taylor ins Spiel: »Deren Mutter ist schlimmer als jede andere Mutter. Was die alles mit Liz anstellt, geht auf keine Kuhhaut.« Judy Garland war aus dem Rennen – ihre Mutter war einfach nicht schlimm genug.

Es gab aber noch ein Problem: Liz Taylor war körperlich zu klein für die Rolle. Der Drehbeginn wurde daher vom September 1943 auf den Januar 1944 verschoben, um dem Mädchen Zeit zum Wachsen zu geben. Zum Drehstart war sie dann tatsächlich sieben Zentimeter größer, was Liz und ihre Mutter mit »göttlichem Beistand« erklärten. Hollywood-Insider vermuteten jedoch, dass hinter dem wundersamen Wachstum der Tochter in Wahrheit Hormonpillen, eine Crash-Diät sowie eine orthopädische Streckbank steckten, die die Mutter ihr verordnet hatte. »Schließlich sind wir hier«, wie der Produzent des Films, Pandro Berman, anmerkte, »in Hollywood und nicht in Lourdes.«

In jedem Fall brachte die Rolle der Velvet den ersehnten Durchbruch: Liz Taylor wurde zum Kinder- und Teenie-Star, dem später auch der Übergang ins erwachsene Rollenfach gelang. Doch sie musste für diesen Erfolg teuer bezahlen. Zwar genoss sie es, weithin geliebt zu werden. Doch sie hasste auch die Enge im goldenen Käfig Hollywoods, unter den Fittichen ihrer Mutter. Sie begann, die Freiheit zu suchen, auch die sexuelle. Ihre Mutter hatte sie in dieser Hinsicht bewusst naiv gehalten. Nun brachen vulgäre Obszönitäten aus der jungen Frau heraus, mit denen sie sogar die verwahrloste Männerwelt Hollywoods in Erstaunen versetzte. Weil ihr Leben von Kindheit an darin bestanden hatte, irgendwelche Rollen zu spielen, verspürte sie nun eine gewaltige innere Leere. Sie versuchte, diese auszufüllen, und begann diverse Affären. In der Hoffnung, Erfüllung und Ruhe zu finden, heiratete sie – acht Mal! Ihre erste Hochzeit feierte sie als Achtzehnjährige mit Conrad Hilton, einem Sohn der berühmten Hoteldynastie – die Ehe hielt nicht mal ein Jahr. Mit Richard Burton schritt sie gleich zweimal vor den Traualtar – und zweimal vor den

Scheidungsrichter. Ihr letzter Mann war ein Bauarbeiter, den sie während des Alkoholentzugs kennengelernt hatte. Womit man bei einem weiteren Charakterzug der Schauspielerin ist: Sie betäubte ihre Haltlosigkeit mit diversen Suchtmitteln. Neben dem Alkohl frönte sie dem exzessiven Einkaufen und Essen. Mitunter wog sie bei 1,57 Metern Körpergröße mehr als achtzig Kilo.

Mitte der Achtziger begann ihre Freundschaft mit Michael Jackson. Auch er hatte anstelle von Kindheit und Jugend die unrealistische Welt von Glamour und viel zu frühem Ruhm erleben müssen. Auch er wurde von einem Elternteil in diese Scheinwelt hineingedrängt. Sie hatten also viel gemeinsam. Aber er war auch noch viele Jahre jünger, wirkte übersensibel und zerbrechlich, löste mütterliche Beschützerinstinkte bei ihr aus. Als die Vorwürfe wegen Kindesmissbrauchs gegen ihn laut wurden, gehörte die Taylor zu den wenigen Hollywood-Größen, die ihm beistanden. So wie es eben eine Mutter macht, die ihre Kinder nicht für die Verwirklichung eigener Lebensträume benutzt, sondern einfach bei ihnen ist, wenn es ihnen dreckig geht. Möglich, dass auch das wieder nur eine der vielen Rollen war, die sie in ihrem Leben spielte. Aber selbst wenn es so ist, dann war es die Rolle, die ihr noch am ehesten entsprach, die sie mit ganzem Herzen ausfüllte, für die sie sich, wie Hedda Hopper zu berichten weiß, schon in ihrer Kindheit berufen fühlte: »Elizabeth hat sich immer geschworen, dass sie niemals so werden wollte wie ihre Mutter.« Sie hat auch diese Rolle ziemlich gut gespielt.

## Michael Jackson: Kranführers Traum

Im Gesicht der schwarzen Frau hatten sich schon unverkennbar das Alter und auch etwas Schwermut eingegraben. Dennoch wirkte sie rüstig und kämpferisch, als sie ihren riesigen Einkaufswagen durch den Supermarkt schob. Im ausgeklappten Kindersitz hatte sie ihre Handtasche deponiert, und aus ihrem Vehikel quollen Spielsachen und ein rosa-grauer Kinderschlafsack heraus. Keine Frage, diese Frau hatte es nicht leicht, aber ihr Wille schien ungebrochen, sie war eine Kämpfernatur. Und die Textzeilen unter dem Foto, das im Sommer 2009 im Hollywood-Nachrichtendienst TMZ erschien und um die Welt ging, bestätigten diese Einschätzung: »Michael Jacksons Mutter Katherine besucht einen örtlichen Target-Supermarkt, um Schlafsäcke und Spielsachen zu kaufen. Die Familie will, dass sie Michaels Kinder großzieht.« Spätestens jetzt wusste man, dass diese ältere Dame auf dem Foto wirklich eine Heldin war. Nämlich die Mutter von Michael Jackson, die der Sänger so abgöttisch geliebt hatte und die sich jetzt, nach seinem Tod, um seine Kinder kümmern wollte.

Die zärtlich-liebende Mutter auf der einen und der prügelnd-gierige Vater auf der anderen Seite – so sollen sie gewesen sein, die Eltern des »King of Pop«. Seine Fangemeinde hält hartnäckig an dieser Legende fest und die Medien auch. Der britisch-seriöse *Guardian* beschrieb Mutter Jackson wenige Tage nach dem Erscheinen des Fotos als »warmherzige Matriarchin« und »selbstlose

Großmutter«, während Vater Joseph an anderer Stelle seinen Ruf als gefühlskaltes Monster festigte. So gab er auf einer Gedenkfeier für seinen Sohn ein paar Floskeln zum Besten, um dann auf die seiner Meinung nach »wirklich wichtigen Dinge« zu sprechen zu kommen, nämlich sein neues Plattenlabel. Und als er wenig später noch erklärte, dass Michael – aus geschäftlicher Sicht – tot mehr wert sei als lebendig, spürte man, wie die Welt ob dieser Kaltschnäuzigkeit schockiert den Atem anhielt.

Dennoch sollte man sich hüten, Jackos Eltern leichtfertig als »Bad Guy« und »Good Mama« abzuhaken. Katherine Jackson verstand es meisterhaft, sich als beschützende Löwenmutter darzustellen, die nie etwas anderes im Sinn hatte als das Seelenheil ihrer Kinder. In einem Interview gestand sie 2005 allzu reumütig: »Ich habe nur eine einzige Sache versäumt, dass ich nämlich meine Kinder nicht auf die Welt da draußen vorbereitet habe. Ich habe sie beschützt und abgeschottet, aber die Welt ist verrucht und teuflisch.« Dieses rührende Statement wirkt geradezu bigott, wenn man bedenkt, was zu diesem Zeitpunkt schon über die Misshandlungen bekannt war, die Michael und seine acht Geschwister von Vater Joseph erfahren hatten. Das Teuflische, von dem die Mutter sprach, hatte weniger in der Welt draußen als in den heimischen vier Wänden getobt, und sie selbst hatte sich nie dagegengestemmt.

Anfang der Neunziger sagte Michael Jackson: »Hätte uns Joseph eine Waffe an den Kopf gehalten und russisches Roulette gespielt, Mom hätte stillgehalten.« Katherine trennte sich erst von ihrem Mann, als die Kinder schon groß und traumatisiert waren – und genug Geld da war, um ihr einen luxuriösen Lebensstil zu sichern. Sie wurde Herrin über ein Anwesen mit fast zwei Dutzend Zimmern und zeitweise mehr als sechs Limousinen. Auch präsentierte sie sich fortan in der Öffentlichkeit stets perfekt gestylt, mit sorgfältig ausgewählter Kleidung und modischem Schmuck. Kaum vorstellbar, dass solch eine Grande Dame mit gelb-lila geblümter Bluse in einem Billigkaufhaus Plastikschlafsäcke horten geht. Es wäre nicht das erste Mal in der Geschichte Michael Jacksons, dass Presse-Schnappschüsse und ihre Bildunterschriften nicht so recht zusammenpassen.

Michael Jackson wurde am 29. August 1959 in ärmlichen Verhältnissen unweit von Chicago geboren. Er war das achte von insgesamt neun lebenden Kindern (ein weiteres starb unmittelbar nach der Geburt), die ziemlich eng zusammenrücken mussten, um in dem kleinen Arbeiterhaus Platz zu finden. Mutter Katherine stammte aus dem tiefsten Süden der USA, wo das Befehlen und Gehorchen – gerade in schwarzen Familien – bis heute zu den fest verwurzelten Traditionen gehört. 1963 trat sie den Zeugen Jehovas bei. Dieser Schritt verstärkte ihre devote Haltung gegenüber höheren Mächten, zu denen sie neben Gott auch ihren Ehemann zählte. Sie vertrat eine strenge Erziehung, wie sie die Wachtturm-Gesellschaft empfahl, die auch dazu riet, »bei der Züchtigung die Rute zu gebrauchen«.

Vater Joseph stammte aus Arkansas und arbeitete als Kranführer in den Stahlwerken. Daneben verdingte er sich als Hilfsarbeiter auf Kartoffelfeldern, um die vielköpfige Familie über die Runden zu bringen. Er spielte Gitarre in einer Rhythm-&-Blues-Band, die allerdings kein Interesse bei den einschlägigen Platten-Labels fand. Joseph erfüllte das mit großem Frust, denn dadurch blieb ihm nur die Rolle des Zuschauers, als Ende der Fünfziger der Rock'n'Roll über die Welt kam: Er musste im Stahlwerk schuften, während Musiker wie Elvis Presley zu millionenschweren Superstars wurden. Also beschloss er, seine Kinder im Musikgeschäft zu etablieren.

1964 gründete er die »Jackson Five«, bestehend aus den Söhnen Jackie, Tito, Jermaine, Marlon und dem Nesthäkchen Michael. Seine Erziehungsmethoden wie auch sein musikalischer Drill waren brutal. So packte er einmal den dreijährigen Michael am Fußgelenk, um ihn in der Luft zappeln zu lassen und mit der freien Hand auf ihn einzudreschen. Als er endlich abließ, schrie der völlig aufgelöste Knirps »Ich hasse dich« – und kassierte dafür abermals eine Tracht Prügel, noch länger und noch härter als die erste. Am häufigsten traf es jedoch nach Michaels Einschätzung seinen Bruder Marlon. Ihm selbst hingegen ging es »nicht so schlecht«, weil es ihm leicht fiel, die Töne zu erwischen und die richtigen Tanzschritte auszuführen. »Aber Marlon, der Arme, kam am häufigsten dran. Dabei gab er sich solche Mühe, wahnsinnige Mühe. Und immer wieder sagte Joseph: ›Machs wie Michael!‹ Und wenn er es nicht schaffte, kam der Gürtel.«

Im Jahre 2002 wurde Joseph Jackson von einem Journalisten mit dem Vorwurf konfrontiert, dass er seine Kinder, auch Michael, mit Rute und Gürtel geschlagen habe. Seine eigentümliche Antwort: »*Geschlagen* habe ich ihn nie mit Rute und Gürtel! *Gepeitscht* habe ich ihn damit! Man schlägt jemanden mit einem Stock.«

Josephs Lebensmaxime lautete: »Entweder bist du im Leben ein Gewinner, oder du bist ein Verlierer.« In den USA hört man diesen Satz sicher oft, im Hause Jackson war er so etwas wie ein Mantra, das die Söhne täglich bis stündlich von ihrem Vater vorgebetet bekamen. »Und auf die Gewinnerseite kommt nur, wer hart arbeitet«, schlussfolgerte Joseph. Also trieb er seine Söhne frühmorgens zur Probe und spätabends zu Konzerten. Michael erinnerte sich später: »Manchmal mussten wir mitten in der Nacht, so gegen zwei Uhr morgens, aufstehen … Mein Vater zwang uns förmlich dazu. Ich war sieben oder acht Jahre alt. Es handelte sich um kleine Konzerte in Diskotheken oder bei privaten Feiern. Wir zogen unsere Show ab. Ich hatte schon geschlafen und hörte die Stimme meines Vaters: ›Aufstehen! Wir haben einen Auftritt!‹«

Joseph Jackson achtete darauf, dass die Beziehung zu seinen Söhnen nicht zu eng wurde. Er nahm sie gelegentlich zum Angeln mit oder brachte ihnen – er war früher ein paar Jahre als Faustkämpfer aktiv gewesen – das Boxen bei, aber sonst gab es praktisch nichts, was jenseits der Musik gemeinsam unternommen oder besprochen wurde. »Von dem Moment an, wo wir aufhörten, über das Familiengeschäft zu reden, fand er es schwierig, einen Bezug zu uns herzustellen«, schrieb Michael in seinen Memoiren. »Wenn wir alle beisammen waren, hat er einfach den Raum verlassen ... Es ist mir nie gelungen, eine engere Beziehung zu ihm aufzubauen.« Seine Töchter registrierte Joseph Jackson erst, als auch deren musikalisches Talent offensichtlich wurde. Das Wort »Daddy« war im Hause der Jacksons verboten: Die Kinder mussten ihren Vater mit »Joe« oder »Joseph« anreden.

Neben der körperlichen Züchtigung gehörte das bewusste Hervorrufen von Angst zu den wesentlichen Erziehungsinstrumenten des Vaters. Weil seine Kinder immer wieder bei offenem Fenster schliefen, obwohl er es ihnen aus Angst vor Einbrechern untersagt hatte, schlich er sich eines Nachts in deren Zimmer, mit schauerlichem Gebrüll und einer Horrormaske auf dem Gesicht. Die Aktion wirkte: Die Fenster blieben fortan geschlossen. Und Michael litt seitdem unter Alpträumen. Er verarbeitete sie später zu seinem legendären »Thriller«-Video, in dem er sich in einen Werwolf verwandelt.

Insgesamt hatte Michael Jackson in der Familie aufgrund seiner Talente einen Sonderstatus, was aber auch bedeutete, dass er besondere Probleme bekam. So waren seine Brüder eifersüchtig auf ihn, stichelten ihn wegen seiner Akne und breiten Afro-Nase. Vom Vater musste er sich deswegen sogar Beschimpfungen anhören. Joseph wollte dadurch das Selbstbewusstsein des Hochbegabten stutzen: Der Junge sollte zwar auf der Bühne überragend sein, sich aber niemals überragend fühlen dürfen, um nicht das Gesamtprojekt der »Jackson Five« zu gefährden. Der Plan ging auf. Michaels körperliches Selbstwertgefühl sackte ins Bodenlose, ständig nagte an ihm das Gefühl, abgrundtief hässlich zu sein: »Ich schämte mich so, dass ich mein Gesicht im Dunkeln gewaschen habe.« Später ließ er sich bekanntlich seine Nase auf Minimalgröße verkleinern.

Michael Jackson war acht Jahre alt, als er das erste Mal in Nachtclubs auftrat und dadurch zwar nicht gerade sexuell aufgeklärt wurde, aber handfeste Lektionen erhielt, wie man mit Schmuddel-Sex das Geschäft ankurbeln kann. So wurde er vom Vater ins Publikum geschickt, wo der niedliche Knirps nicht nur zum Mitsingen animieren, sondern auch mit erstaunt-glücklichem Gesichtsausdruck den Frauen unter die Röcke schauen sollte. Die Leute johlten vor Spaß. Wenn er gerade nicht selbst auftreten musste, durfte Michael den Striptease-Tänzerinnen zugucken, wie sie den Männern im Publikum ihre Slips zuwarfen, damit sie daran schnüffeln konnten. Einige zogen am Ende der Show eine Perücke von ihrem Kopf und zwei Apfelsinen aus ihrem Büstenhalter – Michael lernte früh, dass es die Menschen fasziniert und erotisch anregt, wenn die Grenzen von Männlichkeit und Weiblichkeit verwischen. Es sollte zu einem bestimmenden Element seiner Performance als Solokünstler werden.

Weitaus mehr belasteten den Achtjährigen aber die ständigen Ehebrüche seines Vaters. Joseph nutzte nämlich seinen Managerposten für die »Jackson Five« weidlich aus, um Groupies in sein Bett zu ziehen. Und er bemühte sich nicht, das zu verheimlichen. Vielmehr schickte er seine Söhne mit einem »Gute Nacht, Jungs!« in ihre Hotelzimmer, um dann mit ein, zwei Frauen am Arm in seine eigene Suite zu verschwinden. Für die Söhne, vor allem aber für den blutjungen Michael, bedeutete das ein psychisches Desaster. Denn sie liebten ihre Mutter und fürchteten ihren Vater. Am Ende siegte die Angst: Keiner verriet Katherine, was ihr Mann auf den Tourneereisen anstellte. Wahrscheinlich hat sie es ohnehin gewusst, denn Joseph Jackson war hinlänglich als Schwerenöter bekannt, der zu Frauen im gleichen Maße charmant wie zu seinen Söhnen brutal sein konnte.

Probenarbeit statt Kinderspiel, Konzerte statt Schlaf, Prügel statt Mitgefühl, Schikane statt Verständnis, Schmuddel-Sex statt Aufklärung, vorgelebte One-Night-Stands statt vorgelebter Partnerschaft der Eltern – es ist kein Wunder, dass Michael Jackson später beklagte, im eigentlichen Sinne keine Kindheit gehabt zu haben. Ein Defizit, das er mit dem Kauf der Neverland-Ranch in den späten achtziger Jahren zu beheben versuchte. »Neverland« – den Namen wählte er nach dem mythischen Land von Peter Pan, in dem die Jungen nie erwachsen werden. Mit Kindern aus sozial schwachen Familien, später auch mit seinen eigenen Kindern, holte er hier zwischen Karussells, Spielplätzen und Streichelzoos nach, was ihm früher versagt geblieben war.

1993 und 2003 ermittelte die Staatsanwaltschaft gegen Michael Jackson wegen sexuellen Kindesmissbrauchs. Im ersten Fall wurden die Untersuchungen eingestellt, nach Zahlung von 22 Millionen Dollar. Im zweiten kam es zum Prozess, der mit einem Freispruch endete. Es waren schwere Zeiten für den »King of Pop«. Doch immerhin stand die Jackson-Familie voll hinter ihm. Vor allem seine Mutter, die beim Prozess an jedem Verhandlungstag auf einer der Holzbänke saß, fünf Monate lang. Als Jackson kurz vor seinem Tod, nach mehr als einem Jahrzehnt Pause, sein Comeback auf der Bühne plante, war sie ebenfalls ständig bei ihm. »Sie wollte sicherstellen, dass wir ihn nicht ausnutzen, dass er sich nicht überarbeitet und genug Erholung bekommt«, erklärte Tourmanager Randy Phillips, der die Konzerte in London vorbereitete. »Ich habe nie eine engere Bindung zwischen einem fünfzigjährigen Mann und seiner Mutter erlebt.« Beobachter schilderten, dass Michael diese – eigentlich entmündigende – Löwenmutter-Show sehr genossen habe. Verständlich: Durfte er doch endlich das umhegte Kind sein, das er in seiner Kindheit nie war.

## Andre Agassi: Im Tie-Break mit sich selbst

Eigentlich hätten die beiden Männer gar nicht streiten können, weil der eine auf Deutsch und der andere auf Syrisch schimpfte. Und eigentlich sollten sie schon zu alt für eine Prügelei sein. Doch jetzt standen sie sich in Boxerhaltung gegenüber, mit nacktem Oberkörper. Sie umkreisten einander, hüpften herum und duckten sich.

Lächerlich, aber nicht stümperhaft, denn beide hatten ja früher tatsächlich im Ring gestanden. Doch bevor einer den anderen treffen konnte, ging Andre Agassi dazwischen. Er war der Sohn jenes neunundsechzig Jahre alten Streithahns, der auf Syrisch fluchte. Und der andere Mann, immerhin auch schon dreiundsechzig, war Peter Graf. Der Vater von Steffi Graf, die wenig später Andres Ehefrau werden sollte.

Das verliebte Paar hatte das Treffen arrangiert, wie man es eben so macht im Vorfeld einer Hochzeit: Die beiden Väter sollten Gelegenheit bekommen, sich besser kennenzulernen. Doch sie waren sich einfach zu ähnlich, um gut miteinander auskommen zu können. Peter Graf hatte seine Tochter schon Tennisbälle schlagen lassen, als sie gerade erst den Windeln entwachsen war. Und Mike Agassi hatte seinen siebenjährigen Sohn mit einer Ballmaschine drangsaliert, die Andre noch viele Jahre später als »Drachen« bezeichnete und die er sein persönliches Kindheitstrauma nennt. Mit 170 Stundenkilometern feuerte sie die Bälle auf den Trainierenden ab. Pausen machte sie nur, um sich neue Munition in ihren gefräßigen Schlund hineinstopfen zu lassen. Und es war eben dieser Drache, der nun die beiden alten Männer aneinandergeraten ließ.

Denn als Vater Graf in Las Vegas ankam, wollte er nicht etwa den Strip mit den Hotels und Vergnügungspalästen sehen, sondern eben die legendäre Ballmaschine von Vater Agassi. Klar, dass der sich nicht zweimal bitten ließ. Und er drückte Andre einen Schläger in die

Hand, damit der tun sollte, was ihn in der Kindheit traumatisiert hatte: nämlich die Bälle des Drachen zu retournieren – mit beidhändiger Rückhand. Doch genau das konnte Vater Graf nicht lange mit ansehen. Er riss Andre den Schläger aus der Hand und zeigte ihm, wie seiner Meinung nach eine Rückhand auszusehen hatte: nämlich nicht als beidhändige Keule, sondern als berühmter »Steffi-Slice«. Hier bekommt der Ball solch einen Effet, dass er beim Aufprall den Platz aufzuschlitzen droht.

Vater Agassi sah das natürlich anders. Er riss seinerseits den Schläger an sich, um die beidhändige Rückhand zu demonstrieren, und kommentierte dann noch, dass Steffi mit dieser Schlagtechnik noch viel mehr Grand-Slam-Turniere gewonnen hätte. Man kann sich leicht vorstellen, wie die Stimmung daraufhin explodierte.

Der Laie fragt sich natürlich, wie man sich wegen einer Tennisrückhand so in die Haare kriegen kann. Tennisexperten können dies besser nachvollziehen, denn die Entscheidung »einhändig oder beidhändig« ist in dieser Branche genauso heiß umstritten wie unter Auto-Freaks die Entscheidung zwischen Mercedes und BMW oder unter Frühstückspedanten die Frage, ob man das Ei am dünnen oder dicken Ende aufschlagen soll. Bei den beiden Tennisvätern kam aber noch ein weiteres Motiv hinzu. Denn Steffi und Andre, das waren ihre selbsterschaffenen Werke. So wie Beethoven seine Symphonien und Hemingway seine Bücher, so erschufen sich diese beiden ihre Kinder nach einem Ideal, das keine Kompromisse duldete.

Andre Agassi konnte in seinem Leben eher Volley-Stopps spielen als lesen und schreiben. Sein Vater ließ ihn von klein auf hart trainieren. Er selbst war als Boxer zweimal bei Olympia in der ersten Runde rausgeflogen und steckte nun seinen angestauten sportlichen Ehrgeiz in die Tennisausbildung seiner Kinder.

Andre hatte drei ältere Geschwister, doch er als der Jüngste besaß das größte Talent und bekam vom Vater auch die meiste Aufmerksamkeit. Mit vier Jahren schlug er bereits seine ersten Bälle mit Jimmy Connors, der dies als Gegenleistung dafür tat, dass Vater Agassi ihm die Schläger besaitete. Die damalige Nummer eins der Welt sagte, dass aus dem Kleinen mal ein guter Spieler würde. Doch Vater Agassi fühlte sich nicht etwa geschmeichelt, sondern gab wutentbrannt zurück: »Ein guter Spieler? Er wird ein *sehr* guter Spieler werden – die Nummer eins der Weltrangliste.«

Andre trainierte täglich mehrere Stunden. Die Schule kam zu kurz, doch das störte ihn nicht, denn er hasste sie ohnehin. Er hasste zwar auch das Tennis, doch davon konnte er einfach nicht lassen. Zum einen, weil ihm sein Vater keine andere Möglichkeit ließ, zum anderen fühlte sich der junge Andre aber auch selbst – bei allem Hass – sehr stark vom Tennissport angezogen. Diese Ambivalenz sollte sein gesamtes Sportlerleben andauern. In seiner Autobiographie schrieb er später: »Egal, wie sehr ich mich danach sehne, mit dem Tennisspielen aufzuhören, ich mache weiter. Ich flehe mich an aufzuhören und mache trotzdem weiter, und dieser tiefe Graben, dieser Widerspruch zwischen dem, was ich möchte, und dem, was ich tue, kommt mir vor wie der Kern meines Lebens.«

Vater Agassi legte hinter dem Haus der Familie einen Tennisplatz an und konstruierte eine Ballmaschine, eben den »Drachen«, ausgestattet mit einem langgezogenen Rohr aus Aluminium, das jedes Mal, wenn ein Ball abgeschossen wurde, wie eine Peitsche zurückschnellte. Außerdem stand das Gerät auf einem einen Meter hohen Podest, so dass es den kleinen Andre wie ein Ungeheuer überragte. Die Bälle knallten vor ihm auf, als hätte man sie aus einem Flugzeug abgeworfen. Er war gezwungen, sie direkt nach dem Aufprall anzunehmen, denn sonst wären sie über ihn hinweggeschossen. Andre wurde auf diese Weise einer der besten Return-Spieler der Tennisgeschichte. Aber der Weg dahin war eine Tortur: »Jeder Ball, den ich übers Netz jage, landet bei den Tausenden, die schon auf dem Platz liegen. Nicht Hunderte. Tausende. Sie rollen in nicht enden wollenden Wellen auf mich zu, ein pelziges, gelbes Meer.«

Vater Agassi rechnete vor, dass Andre, wenn er jeden Tag 2500 Bälle schlüge, am Ende des Jahres fast eine Million Bälle geschlagen hätte. »Und ein Kind«, so erklärte er, »das pro Jahr eine Million Bälle schlägt, wird unbesiegbar sein.«

Andre sollte aber die Bälle nicht nur zurückspielen, sondern immer härter und schneller schlagen. Als wolle er das Ungeheuer besiegen, was ja eigentlich unmöglich war. Doch noch schlimmer als die Ballmaschine empfand Andre seinen Vater: »Der Drache steht wenigstens vor mir, wo ich ihn sehen kann. Mein Vater steht hinter mir. Ich sehe ihn nie, ich höre ihn nur, Tag und Nacht – höre, wie er mir in die Ohren brüllt. Mehr Topspin! Härter! Schlag *härter*! Nicht ins Netz! Verdammt, Andre! *Nie ins Netz!*«

Andre konnte den Druck kaum noch aushalten, doch eine ernsthafte Auflehnung kam nicht in Frage. Nicht nur, weil es etwas gab, das ihn am Tennis faszinierte und es ihm selbst in seiner härtesten Form noch erträglicher machte als die Schule. Nein, Vater Agassi duldete auch keinen Widerspruch und neigte zu Gewalttätigkeiten. Er hatte immer Salz und Pfeffer in der Hosentasche für den Fall, dass er in eine Schlägerei verwickelt wurde und jemanden blenden musste. Als sie einmal zum Training fuhren, fing Mike plötzlich an, einen anderen Fahrer zu beschimpfen. Er stieg sogar aus und ging mit der Axt auf das Auto des anderen los. Ein anderes Mal bedrohte er einen Autofahrer mit der Pistole. Andre Agassi erzählte später, dass er nicht wusste, was der andere getan haben mochte, um Mike derart in Rage zu versetzen. »Ich weiß nur, dass es etwa so schlimm sein muss, wie wenn ich einen Ball ins Netz haue.«

Bei einer weiteren Gelegenheit schlug Mike einen Lastwagenfahrer k. o., mit einer Schlagkombination, die er als Boxer gelernt hatte. Der Trucker fiel wie ein Stein zu Boden und rührte sich nicht mehr. Vater Mike stieg einfach wieder ins Auto, und beim Wegfahren sah sein Sohn, wie der Bewusstlose im Regen liegen blieb.

Die schlimmsten Kämpfe aber trug Mike mit sich selber aus. Er hatte einen chronisch steifen Nacken, der nach Lockerungsübungen verlangte. Wenn der ehemalige Boxer zornig den Kopf kreisen ließ oder ihn schüttelte, bis es endlich knackte, sah er aus wie ein Hund, der sich das Wasser aus dem Fell schüttelte. Manchmal steckte er aber auch seinen Kopf in die Schlinge eines Seils, das von der Decke herunterhing und eigentlich für einen Boxsack gedacht war. Dann stieg er auf einen Stuhl, der schließlich mit dem Fuß weggekickt wurde. Die Fallhöhe war so berechnet, dass sie ausreichte, um den Hals zu strecken, aber keine Gefahr bestand, den Anwender dieser eigentümlichen Gymnastik zu erhängen. Für Außenstehende musste das Szenario jedoch wie ein Selbstmordversuch aussehen. So auch für Andre, der seinen Vater eines Tages in dieser Position entdeckte: hängend, mit zappelnden Beinen und Schlinge um den Hals. Er lief völlig aufgelöst zu seinem Vater – um von diesem nur zu hören: »Was zum Teufel ist los mit dir?«

Natürlich hatte Andre auch eine Mutter: Betty Agassi. Sie dachte ursprünglich, ihr Jüngster sei zum Priester geboren. Doch dieser Wunschgedanke überlebte nicht lange. Als Andre ein Jahr alt war, guckte er im Fernsehen ein Tischtennismatch. Dabei folgte er dem Spiel nur mit den Augen, nicht mit dem Kopf. Für den Vater ein klarer Beweis für das besondere Balltalent seines Sohnes, und er hängte ihm ein Mobile mit Tennisbällen über die Wiege.

Fortan hatte auch Mutter Betty keine Zweifel mehr, dass Andres Zukunft auf dem Tennisplatz und nicht auf der Kanzel stattfinden sollte. Einmal kam er weinend zu ihr, um sich über den brutalen Drill und die Schikanen des Vaters zu beklagen. Sie tröstete nur, dass Papa eben seine eigene, seltsame Art hätte: »Wir dürfen nicht vergessen, dass er immer das Beste für uns alle will, nicht wahr?« Andre berichtete später, dass er seine Mutter einerseits dafür bewunderte, dass sie ihre Geduld nie verlor. Andererseits kam sie ihm oder seinen Geschwistern auch nie zu Hilfe. Nie habe sie sich gewehrt, um ihre Kinder zu schützen. Es kam ihm vor wie Verrat.

Im Alter von acht Jahren musste Andre Agassi seine ersten Turniere spielen. Die ersten sieben gewann er, obwohl die Gegner allesamt älter waren als er. Vater Agassi nahm dies völlig ungerührt zur Kenntnis, denn nichts anderes erwartete er ja von seinem Sohn. Das achte Turnier endete mit einer Endspielniederlage, weil der Gegner mit unfairen Mitteln gearbeitet hatte. Doch der Vater ließ keine Ausreden gelten und machte vielmehr Vorhaltungen, dass Andre zu wenig Stopps gespielt hätte. Für ihn gab es eben nichts Wichtigeres, als dass sein Sohn sein bestes Tennis spielte.

Dies führte diesen bis zur Selbstaufgabe, und so blieb es auch bis zu der Zeit, als Andre Agassi bereits ein gestandener Tennisprofi war. So musste sich Mike 1995 einer schweren Herzoperation unterziehen, während sein Sohn auf einem großen Turnier spielte. Er verlor sein Endspiel gegen den Dauerrivalen Pete Sampras und reiste umgehend ins Krankenhaus zu seinem Vater. Dort fand er den Schwerkranken auf der Intensivstation liegend, mit Schläuchen an unheimlichen Maschinen hängend, die an den Drachen von früher erinnerten. Die Mutter war auch da und erzählte, dass sie am Abend zuvor im Fernsehen Andres Niederlage gesehen hätten. Der Vater gab seinem Sohn mit matter Handbewegung ein Zeichen, doch näher zum Bett zu kommen. Er wollte irgendetwas sagen, doch weil ein Schlauch in seinem Hals steckte, brachte er nur ein Gurgeln heraus. Andre tröstete, dass man ja später noch darüber reden könne. Doch sein Vater fuchtelte daraufhin aufgeregt mit den Armen. Also gab ihm die Krankenschwester Stift und Papier. Mike krakelte ein paar Worte auf den Zettel und fuhr dann mit dem Handrücken über das Blatt: »Du hättest Petes Rückhand mehr attackieren sollen.« In dem Moment verstand Andre, dass sein Vater, der ihn in seiner Jugend so gnadenlos zum Tennisspieler gepusht hatte, eben nicht anders konnte: »Wenn er nicht unterscheiden kann zwischen seiner Liebe zu mir und seiner Liebe zum Tennis, ist es dennoch Liebe.«

Andre Agassi wurde zu einem der erfolgreichsten Tennisspieler aller Zeiten. In seiner 21 Jahre währenden Karriere gewann er 60 Einzelturniere, davon acht Grand Slams. Er holte olympisches Gold und war 101 Wochen an der Spitze der Weltrangliste. Auch privat fand er sein Glück. Nach einer gescheiterten Ehe mit der Schauspielerin Brooke Shields heiratete er im Oktober 2001 Steffi Graf, die beste Tennisspielerin aller Zeiten. Das Paar hat zwei Kinder und versteht es, der Presse immer wieder etwas Futter zu geben und sie trotzdem weitgehend aus ihrem Privatleben rauszuhalten. Die beiden stehen diversen Wohltätigkeitsorganisationen vor. Agassi etwa betreibt eine Schule für Kinder aus Problemfamilien. Keine Frage: Er hat seinen Weg gemacht. Ohne den väterlichen Drill wäre er nicht so weit gekommen.

Doch der Preis für all das war hoch. Eine Kindheit im eigentlichen Sinne gab es für ihn nicht. Während andere Kinder auf Bäume kletterten, Musik hörten, ins Kino gingen, ihre Eltern entnervten und die ersten Liebeserfahrungen sammelten, drosch Andre Agassi neongelbe Filzkugeln übers Netz. Als Jugendlicher guckte er zur Ablenkung vom Tennis übelste Horrorfilme, sein erstes Bier bekam er von einem Auswahltrainer, weil er ein Turnier gewonnen hatte. Er schaffte keinen Schulabschluss.

Auch die Entwicklung seiner Persönlichkeit verlief stockend, mit extremen Schlenkern, und war geprägt von Verletzungen. Mit Äußerlichkeiten versuchte er auszugleichen, was innerlich fehlte: Er gab den Rebellen, ohne wirklich einer zu sein. Auf Tennisturnieren erschien er mit Jeans, Ohrring, Fußkettchen und Irokesenfrisur, den Nagel seines kleinen Fingers ließ er auf fünf Zentimeter Länge wachsen und lackierte ihn rot. Auf seinem Haupt ließ er eine struppige Mähne wachsen, was wohl ungewöhnlich war für den damaligen Tennis-Zirkus, aber letzten Endes auch keinen Akt echter Rebellion darstellt. »Sie nannten mich einen Rebellen, doch ich wollte gar keiner sein«, erklärte er später. »Im

Grunde versuchte ich lediglich, mir selbst treu zu bleiben, und da ich nicht so genau wusste, wer ich war, waren meine Versuche, es herauszufinden, unüberlegt, unbeholfen und widersprüchlich.«

Als ihm die Haare ausgingen, verdeckte Agassi die Lücken mit einem Toupet. Es behinderte ihn beim Spielen und brachte ihn in peinliche Situationen, wie etwa nach einer Niederlage gegen Thomas Muster: Der Österreicher fuhr ihm spöttisch mit der Hand durchs Haar und riss ihm dabei beinahe das Toupet heraus. Dennoch ließ sich Andre erst durch Brooke Shields dazu überreden, sein Toupet zu entsorgen und die verbliebenen Haare auf Stoppellänge zurückzuschneiden.

Wobei auch Agassis Ehe mit Brooke nichts anderes war als ein weiteres Zeugnis seiner verzögerten Persönlichkeitsentwicklung. Beide waren Hochbegabte, die im Elternhaus bereits früh auf ihre spätere Karriere getrimmt worden waren. Insofern waren sie Leidensgenossen. Doch weil ihre Begabungen so weit auseinanderlagen, konnte es zwischen ihnen nicht klappen. Er, der nichts anderes hatte als sein Tennisspiel, heiratete eine Frau, die nichts anderes hatte als ihren Schauspielerberuf, und jeder blieb der Welt des anderen fremd. Und er heiratete Brooke auch noch in einem Moment, als ihm bereits starke Zweifel an ihrer Beziehung kamen: »Ich fragte mich, ob wir überhaupt zusammenpassten. Ich glaube nicht.« Doch es war so, wie es auch in seinem Verhältnis zum Tennis und überhaupt immer in seinem Leben war: »Im Grunde genommen wollte ich überhaupt nicht heiraten. Doch wen interessiert schon, was ich will?« Zwei Jahre später wurde die Ehe geschieden.

Andre Agassi teilt sein Schicksal mit vielen anderen Spitzensportlern der jüngeren Zeit. Viel zu früh von ihren Eltern auf Höchstleistung getrimmt, bleiben sie in ihrer emotionalen und charakterlichen Entwicklung zurück, was ihnen bis ins Erwachsenenalter hinein Probleme verschafft, im Alltag und vor allem im komplexen Umgang mit anderen Menschen klarzukommen. Einige von ihnen schaffen es später, ihre Persönlichkeitsentwicklung nachzuholen, andere planen es zumindest. Wie etwa der amerikanische Golfspieler Tiger Woods. Er imitierte schon im Alter von sechs Monaten die Golfschwünge seines Vaters, und mit zwei Jahren puttete er gemeinsam mit dem Komiker Bob Hope in einer Fernsehshow. Später wurde er zum erfolgreichsten Golfspieler aller Zeiten, der laut *Forbes Magazine* als erster Sportler überhaupt mehr als eine Milliarde Dollar verdiente. Sein Image galt geradezu als makellos. Bis er im November 2009 unter rätselhaften Umständen mit seinem Auto von der Straße abkam und einen Hydranten rammte. Im Gefolge dieser Szene spülten plötzlich diverse Affären und eine angebliche Sexsucht des Golf-Milliardärs an die Öffentlichkeit, und es kam heraus, dass sein Vater ihm seinerzeit eingebläut hatte, dass eine Ehe »in Zeiten wie diesen ziemlich unwichtig« sei. Ende 2009 zog sich Tiger Woods vorübergehend vom Sport zurück. Um sich darauf zu konzentrieren, »ein besserer Ehemann, Vater und Mensch zu sein«.

# KAPITEL 3

# Egoisten und Ignoranten

Sie, er, die Kinder – in einer Familie kommen unterschiedliche Persönlichkeiten zusammen. Sie müssen zueinander passen, vor allem aber müssen sie sich in ihrer Unterschiedlichkeit akzeptieren, wenn die Familie eine Zukunft haben soll. Doch das ist offenbar nicht so einfach. Hört man sich bei Scheidungsanwälten, Familienrichtern und Paartherapeuten um, scheint das gegenseitige Nicht-Verstehen oder Nicht-Akzeptieren-Wollen zu den Hauptursachen für die hohen Scheidungsraten unserer Tage zu gehören.

Die Stuttgarter Soziologin Gabriela Schmid-Kloss fand in einer Analyse von Langzeitehen heraus, dass Partner in solchen Beziehungen »die Welt auf ähnliche Weise erleben und in hoher Qualität miteinander kommunizieren«. Was umgekehrt bedeutet: Eine Ehe und damit auch eine Familie ist zum Scheitern verurteilt, wenn die Beteiligten unterschiedliche Vorstellungen von der Welt haben und nicht bereit sind, aufeinander zuzugehen. Sie sind dann eben keine Partner, sondern Egoisten, die *ihr* Leben führen wollen, ohne Rücksicht auf die übrigen Mitglieder der Familie.

Andererseits schafft eine Familie aus inkompatiblen Egozentrikern ein Spannungsfeld, in dem sich Kinder zu Genies und anderen Größen der Kulturgeschichte entwickeln können – keine glücklichen Menschen, wohlgemerkt, aber kreative, innovative und charismatische. Denn während Harmonie stets in Langeweile und Routine abgleiten kann, sorgt Disharmonie für Abwechslung, Unberechenbarkeit und Reizvielfalt, und diese Faktoren wiederum liefern reichlich Input für sensible Hirne, etwas Neues und Weltbewegendes zu schaffen. »Ein großer Genius bildet sich weniger durch Assimilierung als durch Reibung«, sagte Heinrich Heine. Es gehört zu den großen Tragödien der Weltgeschichte, dass ihre prägenden Figuren oft in zerstrittenen, von Egozentrikern beherrschten Elternhäusern groß geworden sind.

Die Eltern von Alexander dem Großen waren zwar beide ehrgeizig und machtbesessen, doch sie zogen niemals an einem Strang, verfolgten stets nur ihre eigenen Interessen. Anfangs sah es noch so aus, als habe Mutter Olympias bei ihren Intrigen und Attentaten wenigstens das Wohl ihres Sohnes im Auge – doch spätestens nach dessen Tod stellte sich heraus, dass es ihr ausschließlich um ihren eigenen Machtzuwachs ging. Arthur Schopenhauer und Ernest Hemingway hatten starke und narzisstische Mütter, denen Väter mit dem traditionellen Machtanspruch eines Patriarchen gegenüberstanden, den sie aber nicht durchsetzen konnten. Edith Piaf hatte einen Vater, der das kleine Mädchen hemmungslos für seine Straßenaufführungen ausnutzte, und Drew Barrymore verdankt ihre große Karriere nicht nur dem väterlichen Schauspielerblut in ihren Adern, sondern auch der Konkurrenz zu ihrer Mutter, die ebenfalls – allerdings vergeblich – auf Hollywood hoffte und die Karriere ihrer Tochter mit großem Neid verfolgte.

Die Liste der erfolgreichen, aber unglücklichen Kinder aus egozentrisch-ignoranten Elternhäusern ist noch viel länger. Man denke nur an Otto von Bismarck, der sich bitterlich über die innerliche Ferne und »uninteressierte Zärtlichkeit« seines Vaters beklagte. Die fatalistische Hoffnung des späteren Reichskanzlers, wonach man in der Weltgeschichte notgedrungen auf Gottes Fügung warten müsse, war nichts anderes als eine Fortführung der typischen Haltung des kleinen Otto, der täglich auf seinen Vater gewartet hatte: »Man kann nur abwarten, bis man den Schritt Gottes durch die Ereignisse hallen hört, und dann vorspringen, um den Zipfel seines Mantels zu fassen.«

John Lennons Eltern waren ebenfalls zu stark mit sich selbst beschäftigt, um sich um ihn kümmern zu können. Der Vater machte sich aus dem Staub, als der Sohn fünf Jahre alt war – und kehrte siebzehn Jahre später zurück, um sich mit dessen Beatles-Ruhm zu brüsten. Mutter Julia zog zu ihrem Geliebten, der den Sohn eines anderen nicht in seinem Haus haben wollte. Also schob sie den Jungen zu ihrer großen Schwester ab. Als sie ihn zehn Jahre später wieder für sich entdeckte, brachte sie ihm das Banjospielen bei. Aber für einen echten Neuanfang blieb keine Zeit: Julia Lennon starb 1958 bei einem Unfall, gerade als sich wieder eine intensivere Beziehung zwischen Mutter und Sohn aufzubauen begann.

Angelina Jolie ließ im September 2002 offiziell den Namen ihres Vaters John Voight aus ihrem Namen streichen – er hatte zuvor öffentlich im Fernsehen über die »ernsten emotionalen Schwierigkeiten« seiner Tochter spekuliert. Die Verführung des auf ihn gerichteten Kameraobjektivs war einfach zu groß gewesen, als dass er noch auf die Privatsphäre seiner Tochter Rücksicht hätte nehmen können. Jolie kommentierte die endgültige Loslösung von ihrem Vater mit Worten, die man als Warnung ins Stammbuch aller egoistischen und ignoranten Eltern schreiben könnte: »Ich glaube nicht daran, dass man als Familie blutsverwandt sein muss ... eine Familie muss man sich verdienen.«

## Alexander der Große: Wer will schon nach Troja?

Es war ein einziges Gemetzel. Als Erstes wurde der Arzt hingerichtet, obwohl Hephaistion nicht etwa das Opfer eines ärztlichen Kunstfehlers war, sondern sich einfach nur zu Tode gesoffen hatte. Danach wurden den Pferden und Maultieren die Haare abrasiert, um sie zu opfern. Am schlimmsten traf es aber die Kossaier, das Volk aus der Tiefebene Mesopotamiens. Sie wurden samt und sonders hingerichtet, und dabei konnten auch sie nichts für den Tod Hephaistions.

Doch Alexander der Große, Freund und Geliebter des Verstorbenen, war nicht mehr zu halten. Waren sie nicht gewesen wie einst Achilles und Patroklos, die beiden Waffengefährten im Kampf um Troja? Patroklos starb, weil er für seinen Freund kämpfen musste, der sich grollend aus dem aktuellen Kriegsgeschehen zurückgezogen hatte. Achilles opferte daraufhin seinem toten Freund zwölf junge Trojaner. Da konnte man doch für Hephaistion einen Haufen primitiver Kossaier abschlachten lassen.

Am Ende seines großen Feldzugs, der ihn über Persien und Ägypten bis nach Indien führte, wurde das Verhalten Alexanders immer gnadenloser und irrationaler. Waren es am Anfang noch Euphorie und Einigkeit gewesen, durch die seine Soldaten und er einander verbunden waren, so waren es jetzt Angst und gegenseitige Abhängigkeit, die sie in unheilvoller Schicksalsgemeinschaft aneinanderketteten. Alexanders Heer konnte die Entscheidungen des Herrschers nicht mehr nachvollziehen, seine Willkür schwer ertragen, und bei dem, was er von göttlicher Herkunft und göttlicher Bestimmung faselte, kamen sie nicht mehr mit. Nicht nur die Generäle fragten sich, was plötzlich in ihren ursprünglich so handfesten und erdverbundenen Befehlshaber gefahren war. Lag das Problem beim Alkohol, dem er immer mehr zusprach? Oder waren es das Fieber und die vielen Kriegsverletzungen, die ihn zermürbten? Die vielen Nicht-Makedonen, mit denen er sich umgab?

All das wird wohl eine Rolle gespielt haben. Doch Alexander trug noch anderen Ballast mit sich herum – und der stammte aus seinem Elternhaus. Er hatte einen Vater, den er unbedingt übertrumpfen wollte. Und eine Mutter, die seinen Vater töten ließ. Der Vater wollte am Ende nichts mehr von ihm wissen, während die Mutter am Ende alles von ihm wusste. Es war kompliziert. Eine typisch griechische Tragödie eben.

Wohl um 356 v. Chr. – ganz sicher ist das nicht – wurde Alexander im makedonischen Pella geboren. Seine Eltern waren sich einerseits sehr ähnlich, was ihren unbedingten Machtanspruch anging. Doch in den Methoden zur Durchsetzung dieses Anspruches waren sie so unterschiedlich, wie Menschen nur sein können.

Der Vater, König Philipp II., war ganz der Stratege. Er war nicht nur ein cleverer General, sondern wusste auch, wie man jenseits des Schlachtfelds agieren musste, um mit Hilfe von Bündnispartnern sein Herrschaftsgebiet erweitern oder zumindest stabilisieren zu können – beispielsweise durch Heirat. Seine erste Frau hieß Philia und stammte aus einem alten makedonischen Adelsgeschlecht. Philipp hatte sie vor allem aus innenpolitischen Erwägungen geheiratet, denn das Makedonien der damaligen Zeit war stark von regionalen Adelscliquen geprägt, die man als König unbedingt bei Laune halten musste. Die Ehe konnte dabei ein wichtiges Hilfsmittel sein. Doch die Beziehung zu Philia blieb kinderlos.

Also heiratete Philipp – diesmal überwogen außenpolitische Motive – eine Frau aus Illyrien, das er gerade militärisch bezwungen hatte. Sie schenkte ihm zwei Töchter, aber immer noch keinen Sohn. Philipp musste erneut heiraten, und nun trat er gleich mehrmals vor den Traualtar. Wie oft genau, darüber ist sich die Geschichtsschreibung nicht einig geworden. Aber insgesamt beglückte er wohl mindestens sieben Frauen mit seiner ehelichen Gunst. Eine davon war Olympias, die aus dem westlich gelegenen Epirus stammte, das Philipp – man ahnt es – schon immer als Bündnispartner haben wollte.

Die Verbindung mit der dunkeläugigen Schönheit aus dem Stamm der Molosser war aber mehr als nur eine Zweckheirat. Sie stammte aus einer Familie, deren Geschichte angeblich bis auf die Helden von Troja zurückging, und diese vornehme Herkunft zeigte sie auch in ihrem Sprechen, in ihren Gesten und in ihrer Kleidung. Philipp, der König der Makedonen, die vom übrigen Griechenland gerne als Barbaren verunglimpft wurden, war davon sichtlich fasziniert. Er wurde, zumindest drückte Plutarch es so aus, »von Liebe zu ihr erfasst«. Und ein erstes Produkt dieser Liebe war eben Alexander. Doch die übrigen Königsfrauen blieben nicht untätig und brachten ebenfalls männlichen Nachwuchs zur Welt – dass unter ihnen ein Streit um die Thronfolge entbrennen musste, war vorprogrammiert.

Olympias wurde allerdings dabei zunächst nicht als ernsthafte Konkurrenz gesehen, weil sie bisher nur durch wilde Feste zu Ehren des Rauschgottes Dionysos in Erscheinung getreten war, auf denen sie im volltrunkenen Zustand als Tänzerin auftrat und mit gefährlichen Schlangen kokettierte. Von solch einer Party-Maus, so dachte man am makedonischen Hof, ging keine Gefahr aus. Ein Trugschluss! Denn Olympias war oft genug nüchtern, und dann kannte sie nur ein Ziel: ihren Alexander zum neuen König von Makedonien zu machen. Wobei nie klar wurde, ob sie sich damit für die Eskapaden ihres Gatten rächen wollte oder aber tatsächlich ihren Sohn vergötterte.

In jedem Fall schmiedete Olympias, im Unterschied zu Philipp, keine Allianzen mit irgendwelchen Bündnispartnern. Erstens, weil sie nicht ihre Macht bzw. die Macht ihres Sohnes mit irgendjemandem teilen wollte, zweitens, weil sie aus der wechselhaften Geschichte ihres Volkes, das zwischen Großmächten wie Athen, Theben und Makedonien eingekeilt war, nur zu gut wusste, dass die Partner von heute die schlimmsten Gegner von morgen sein können.

Olympias setzte lieber auf unbedingte Loyalität statt auf instabile Bündnisse. Also sorgte sie dafür, dass ihr Sohn stets in ihrer Nähe blieb. Für den Schulunterricht engagierte sie einen Lehrer, der aus ihrem Verwandtenkreis in Epirus stammte und ihr treu ergeben war. Vater Philipp erhob zunächst keine Einwände, weil sich Alexander zu einem mutigen Kämpfer und Reiter mauserte. Später sorgte er zwar dafür, dass der Lehrerposten mit dem Philosophen Aristoteles neu besetzt wurde, doch da war der mittlerweile Pubertierende schon längst ganz auf die Linie seiner Mutter eingeschworen. Dazu gehörte, dass er die Thronfolge für sich reklamierte, obwohl das aufgrund der unübersichtlichen Ehedramaturgie am makedonischen Hof keineswegs selbstverständlich war.

Und dazu gehörte auch eine gnadenlose Brutalität im Durchsetzen eigener, meistens viel zu hoch gesteckter Ziele. Aristoteles konnte da nicht mehr viel ausrichten, er hatte auf Alexander weitaus weniger Einfluss, als im Geschichtsunterricht gerne gelehrt wird. Der junge Makedone wurde als Mutter-, nicht als Philosophensohn groß.

Philipp hatte daher guten Grund, seinen Sohn mit immer größerem Misstrauen zu beäugen. Er begann, Vorbereitungen für eine andere Thronfolge zu treffen, und dazu gehörte, wieder einmal vor den Traualtar zu treten. 337 v. Chr. heiratete Philipp eine Nichte des makedonischen Feldherren Attalos, und dieser machte schon bei der Hochzeitsfeier unmissverständlich klar, dass er die Pläne von Olympias und Alexander durchkreuzen würde: Sofern seine Nichte mit Philipp einen Sohn hätte, würde diesem auch die Thronfolge zustehen.

Der anwesende Alexander protestierte und meldete seinerseits Ansprüche an, doch man sagte ihm, dass er als Sohn einer Ausländerin schon froh sein könne, überhaupt am makedonischen Hofe wohnen zu dürfen. Es kam zum heftigen Streit, bei dem schließlich auch Alexander und Philipp aneinandergerieten. Der Alte griff sein Schwert und wollte auf den Jungen losgehen, doch er war zu betrunken und stürzte. Alexander spottete: »Seht ihn euch an, meine Herren. Dieser Mann will euch von Europa nach Asien führen, aber er scheitert schon bei dem Versuch, von einem Liegebett zum nächsten zu gehen.«

Die Familienbande waren danach zerschnitten. Alexander und Olympias gingen ins Exil nach Epirus, dem Heimatland der Mutter. Der Sohn beeilte sich, schon bald dem Vater die Hand zur Versöhnung zu reichen. Doch Olympias wollte davon nichts wissen, sie hasste Philipp mehr denn je. Ihr Bruder Alexandros war seit einigen Jahren König von Epirus, und den wollte sie nun zum Krieg gegen Makedonien aufhetzen. Doch Alexandros war eine militärische Auseinandersetzung mit dem mächtigen Nachbarn viel zu heikel.

Stattdessen zeigte Philipp, wie perfekt und perfide er mittlerweile die Klaviatur der Heiratsdiplomatie beherrschte: Er versprach Alexandros, dass er ihm seine blutjunge Tochter Kleopatra zur Frau geben würde. Das Pikante daran: Das Mädchen war ein Kind aus seiner Ehe mit Olympias. Was im Endeffekt bedeutete, dass König Philipp seine Tochter mit einem Mann verkuppelte, der ihr Onkel war! Moralische Skrupel musste er dabei nicht haben, denn Inzucht war damals in Makedonien kein Problem. Philipps Schachzug war also einfach nur genial, denn die doppelt geknüpften Verwandtschaftsbeziehungen würden einen Krieg zwischen Makedonien und Epirus bis auf weiteres unmöglich machen. Philipp konnte sich nun in aller Ruhe seinem geplanten Feldzug gegen Persien widmen.

Allerdings bezahlte er seinen Geniestreich schon bald mit dem Leben – und zwar im Herbst des Jahres 336 v. Chr., als man in Makedonien die Hochzeit von Alexandros und Kleopatra feierte. Das Paar war gerade getraut, als sich ein Mitglied der königlichen Leibwache auf

Philipp stürzte und ihn erdolchte. Der Täter wurde gekreuzigt. Als Motiv wurde Rache vermutet, weil der König dem Mann ein Unrecht angetan hätte. Diese Theorie wurde jedenfalls von Aristoteles vertreten, und dem traute man sich damals nicht zu widersprechen. Heutige Historiker gehen jedoch eher davon aus, dass Olympias bei dem Attentat ihre Finger im Spiel hatte.

Die vertriebene Königsgattin hatte mehr als genug Mordmotive. Nicht nur, dass Philipp im Begriff war, ihrem Alexander den Weg zum Thron zu verbauen, nein, der König hatte die stolze Molosserin aus dem Geschlecht der Troja-Helden auch zutiefst gekränkt. Einmal natürlich durch seine vielen Ehebrüche, aber auch dadurch, dass er ihren Bruder mit ihrer Tochter verheiratet hatte und dadurch zu verstehen gab, dass er ihre Familie komplett unter seine Kontrolle gebracht hatte.

Für die Mittäterschaft Olympias spricht zudem, dass sie ihre Begeisterung für das Attentat allzu deutlich offenbarte. So ging sie zum Kreuz des hingerichteten Königsmörders, um ihn mit einer goldenen Krone zu schmücken. Später errichtete sie ihm einen Grabhügel, auf dem sie jährliche Feste zu seinem Andenken feiern ließ. Am schwersten wird Olympias aber dadurch belastet, dass sie die Pferde bezahlt hatte, mit denen der Attentäter fliehen wollte. Sie hatte also sozusagen für sein Fluchtfahrzeug gesorgt – das würde ihr auch im heutigen Rechtsverständnis als Mitschuld ausgelegt werden.

Doch Olympias brauchte das alles nicht zu kümmern. Denn die Verdächtigungen gegen sie wurden allenfalls hinter vorgehaltener Hand ausgesprochen, weil man sonst riskiert hätte, von Alexanders Häschern erschlagen zu werden. Außerdem konnte sich Olympias darüber freuen, dass ihr Sohn endlich König von Makedonien wurde.

Als Alexander 334 zum Feldzug gegen die Perser aufbrach, wurde er von seiner Mutter bis zum Hellespont, den heutigen Dardanellen, begleitet. Aber ihren Wunsch, sie während seiner Abwesenheit zur Interims-Regentin von Makedonien einzusetzen, erfüllte er nicht. Diesen Posten gab er einem alten General, der schon unter Philipp gedient hatte. Denn, so Alexanders Argument, »die Makedonen würden sich nie von einer Frau regieren lassen«. So weit ging seine Liebe zur Mutter dann doch nicht, dass er seinem Volk eine Regentin zugemutet hätte.

Im Feldzug gegen die Perser, der am Ende bekanntlich bis nach Indien führte, zeigte sich Alexander hingegen als guter Muttersohn. Er pflegte einen regen Briefwechsel mit Olympias und ließ ihr von seinen Eroberungen immer wieder kostbare »Andenken« zukommen. Andererseits zog es ihn offenbar nicht heimwärts. Von dem gigantischen Marsch, der am Ende irrational und unangemessen gefährlich für ihn und seine Truppen wurde, kehrte er nie mehr zurück. Bis heute ist offen, ob Machtgier und Eroberungswillen wirklich die einzigen Motive für den Feldzug waren oder ob es ihn nicht auch in die Ferne trieb, weil er seine Mutter als erdrückend und übermächtig empfand.

Alexander der Große starb im Juni des Jahres 323

v. Chr., ohne Makedonien und seine Mutter jemals wiedergesehen zu haben. Er hinterließ ein gigantisches, aber führerloses Reich. Denn sein einziger leiblicher Sohn war noch ein Baby, konnte also unmöglich Regierungsaufgaben übernehmen. Es war daher an den Generälen, sich um die Herrschaft im Reich zu streiten. Einige versuchten ihren Anspruch durch ihre Nähe zu Alexanders Mutter zu legitimieren – und damit war Olympias wieder mittendrin im Spiel um die Macht. Ihr gelang, was der Sohn noch für unmöglich gehalten hatte, nämlich die Regentschaft über Makedonien an sich zu ziehen. Ihre Gegner wurden gnadenlos ausgemerzt, ihren Säuberungsaktionen fielen mehr als einhundert Angehörige des makedonischen Adelsgeschlechts zum Opfer. Philipp und Alexander hatten Makedonien zum Weltreich geformt. Unter Olympias war es zwar immer noch ein Weltreich, aber eigentlich nicht mehr makedonisch.

Das Volk begann daher, sich von seiner Königin abzuwenden. Am Ende war sie isoliert. Sie wurde von der makedonischen Heeresversammlung gefangengenommen und für ihre Verbrechen angeklagt. Das Todesurteil war einstimmig, allerdings bekam Olympias auch keine Gelegenheit zur Verteidigung.

Damit wäre die Geschichte eigentlich erledigt gewesen. Doch die Vollstreckung des Urteils wurde immer wieder verzögert: Es fand sich einfach niemand, der die Mutter des großen Alexander offiziell hinrichten wollte. Sie wurde schließlich von den Angehörigen ihrer Opfer ermordet. Olympias soll dabei keine Miene verzogen und noch majestätischer ausgesehen haben als sonst. Vermutlich hätte Philipp sich in diesem Moment noch einmal in sie verliebt.

## Arthur Schopenhauer: »Ich kenne die Weiber«

Schon der Titel der Doktorarbeit hatte es in sich: *Über die vierfache Wurzel des Satzes vom zureichenden Grunde*. Das klang nicht gerade bescheiden, nicht nach dem Understatement eines Privatgelehrten und erst recht nicht nach der ängstlichen Vorsicht eines Studenten, der seine ersten Schritte im akademischen Leben macht. Denn der »Satz vom zureichenden Grunde« war kein Thema für die Gedankenspielereien irgendwelcher Kaffeehausphilosophen. Nein, hier bewegte man sich auf ausgesprochenem Profi-Niveau, dort, wo sich Denker-Ikonen wie Aristoteles, Platon und Immanuel Kant befanden.

Und genau dort wollte Arthur Schopenhauer hin: auf den Olymp der Philosophie, nicht auf dessen Spielwiesen. Man kann sich leicht vorstellen, mit welchem Gefühl und welchen Hoffnungen er seiner Mutter die Dissertationsschrift überreichte. Er wusste zwar, dass er bei Johanna Schopenhauer, die eher schöngeistig brillieren als tiefgründig philosophieren konnte, nicht unbedingt mit einem tieferen Verständnis rechnen durfte. Doch Anerkennung nach dem Muster »Das hast du gut gemacht, mein Sohn«, erwartete er schon.

Aber Johanna bedachte das Werk gerade mal mit einem kurzen und bewusst oberflächlichen Blick. Und einem abschätzigen Kommentar: »Das ist wohl etwas für Apotheker.« Kein Hinweis auf Platon oder Aristoteles, sondern auf einen Beruf, der damals noch mit dem Vorwurf kämpfte, der Scharlatanerie und Alchemie nahezustehen.

Das traf Arthur natürlich bis ins Mark, und seine Reaktion fiel entsprechend zornig aus: »Man wird dieses Buch noch lesen, wenn von deinen Schriften kaum mehr ein Exemplar in einer Rumpelkammer steckt.« Die Antwort: »Und von den deinigen wird noch die ganze Auflage zu erhalten sein.«

Eine harmonische Mutter-Sohn-Beziehung klingt anders. Aber immerhin sollten beide recht behalten. Denn die erste Auflage der *Vierfachen Wurzel* wurde größtenteils Makulatur, und ihr Verfasser musste sich noch Jahre später über die Frage ärgern, ob er der Sohn der berühmten Johanna Schopenhauer sei. Im späten Alter jedoch durfte der knorrige Philosoph noch erleben, wie er seine Mutter an Bekanntheit weit hinter sich ließ und auf den Olymp der Philosophie gehoben wurde.

An dieser Gewichtung hat sich bis heute nichts geändert, und die Philosophiehistoriker sind sich weitgehend darüber einig, dass das auch gut und richtig so ist. Sie sehen in Johanna Schopenhauer eine selbstgefällige Salondame, die weder gedanklichen Tiefgang noch irgendein Verständnis für ihren Sohn besaß. Doch das ist nur die halbe Wahrheit. Denn die eigentliche Tragödie ist, dass es sich umgekehrt ebenso verhielt – der Sohn verstand die Mutter genauso wenig.

Als Arthur Schopenhauer am 22. Februar 1788 in Danzig geboren wurde, ahnte niemand, dass dieses Ereignis der Philosophiegeschichte einmal eine neue Wendung geben würde. Mutter Johanna wollte ihm wenigstens einen poetischen Vornamen mit auf den Weg geben, doch ihr Gatte Heinrich Floris beharrte auf Arthur – weil das, so sein Argument, in Handel treibenden Ländern besser verstanden würde als Amadeus oder Fürchtegott. Und Handel sollte der Junge später treiben, genau wie sein Vater.

Arthur war keineswegs eine Frucht leidenschaftlicher Liebe. Johanna berichtete später: »Glühende Liebe heuchelte ich meinem Mann ebenso wenig, als er darauf Anspruch machte.« Mit gerade mal achtzehn Jahren hatte sie den mehr als doppelt so alten Heinrich Floris Schopenhauer geheiratet, weil sonst ihr cholerischer Vater, der seine Tochter gut unter die Haube bringen wollte, aus dem Ruder gelaufen wäre. Zudem machte der Mann zunächst keinen schlechten Eindruck. Er wirkte rücksichts- und verständnisvoll, und Johanna glaubte, er würde seine junge Frau auf Händen tragen. Doch diese Hoffnung trog.

Denn Heinrich Floris sah in seiner Frau einen Gegenstand, den er mit der Ehe gekauft hatte wie Porzellantassen oder Brüsseler Spitze. Ihr Leben stand komplett unter seiner Kontrolle. Er bestimmte, was sie lesen, welche Kunstwerke sie betrachten und welche sozialen Kontakte sie haben durfte. »Nie legte ich in der Abwesenheit meines Mannes in der Nachbarschaft irgendwelche Besuche ab«, berichtete Johanna später. Ihre Spaziergänge machte sie irgendwo »durch Wiese, Feld und Wald« oder sogar nur durch den eigenen Garten, weil er nicht wollte, dass sie angesprochen wurde. Auch den Ort für Arthurs Niederkunft wollte ihr Mann bestimmen. Sein Stammhalter sollte in England geboren werden. Doch die hochschwangere Johanna hielt die winterlichen Reisestrapazen über Stock, Stein und Wasser nicht durch. Sie fuhren zurück, und Arthur wurde dann doch, einige Wochen vor dem erwarteten Termin, in Danzig geboren.

Fünf Jahre später kamen die Preußen, und die Familie zog Hals über Kopf nach Hamburg. Nicht etwa, weil die Besatzer darauf gedrängt hätten. Aber Heinrich Floris hasste die Preußen so sehr, dass er ihnen lieber große Teile seines Eigentums überließ, als sich ihnen zu unterwerfen. Für den kleinen Arthur freilich, der sich in Danzig unbeschreiblich wohl gefühlt hatte, wurde der Umzug zum Trauma. Fortan hatte er das Gefühl, nirgendwo ein sicheres Zuhause zu haben. Verlustangst wurde zu einem bestimmenden Moment in seinem Leben.

In Hamburg verbesserte sich Johannas Situation. Denn ihr finanziell erfolgreicher Gatte beschäftigte sie nun mit Reisen und großen Empfängen. Sie konnte Prominente wie Klopstock und Lady Hamilton an ihrer Teetafel begrüßen – das gefiel ihr. Sie blühte sichtlich auf, auch wenn sie ihren Gatten mehr denn je verachtete. Für

Arthur hingegen wurde Hamburg weitaus weniger angenehm, denn die Kontrollsucht des Familienoberhaupts fokussierte sich nun auf ihn. Der Junge sollte zum kaufmännischen Weltbürger werden. Dazu musste er sich in seiner Körperhaltung üben, Tischmanieren lernen, die *Times* lesen sowie Ordnung in seinen Schubladen und Papieren halten. Für übliche Kinderbeschäftigungen wie Klettern, Springen oder Spiele war da kein Platz – was ein Knirps von nicht einmal zehn Jahren als hartes Los empfinden musste. Wenigstens schickte ihn der Vater – »Mein Sohn soll in dem Buche des Lebens lernen« – für zwei Jahre zu einer Familie im französischen Le Havre, eine Zeit, die Arthur später als »weitaus frohesten Theil« seiner Kindheit bezeichnete. Aber danach wurde es für ihn noch härter als zuvor.

Nach seiner Rückkehr kam er, wie es sich für den Sohn der kaufmännischen Oberschicht gehörte, in eine private Erziehungsanstalt. Doch sein Interesse an Philosophie und Literatur wurde immer stärker und fordernder. Es drängte ihn zur Universität, nicht in den Kaufmannsberuf. Der Vater spürte, dass er mit Druck allein bei seinem Sohn – der ähnlich starrköpfig war wie er selbst – nicht weiterkam. Also griff er zu einer List: Er bot dem widerspenstigen Jungen an, entweder sofort aufs Gymnasium zu gehen, um sich auf die Laufbahn eines gelehrten Hungerleiders vorzubereiten, oder aber mit seinen Eltern eine längere Vergnügungsreise anzutreten, um die hohe Schule der Welt zu absolvieren. Arthur war zu diesem Zeitpunkt fünfzehn Jahre alt, und durch seinen Aufenthalt in Frankreich hatte er Geschmack an fremden Ländern gefunden – wer hätte in seiner Situation schon dem perfiden Angebot des Vaters widerstehen können?

Am 3. Mai 1803 begannen Arthur, Johanna und Heinrich Floris Schopenhauer ihre Reise durch Europa. Die sechsjährige Adele – die Familie hatte mittlerweile weiteren Zuwachs bekommen – blieb in Hamburg bei einer Pflegefamilie. Die erste Station war England, wo Arthur gleich für drei Monate in einem Internat einquartiert wurde, um seine Englisch- und Schreibkenntnisse zu verbessern. Die Eltern tourten derweil durch Schottland, ihr Sohn langweilte sich indes zu Tode. Ihm wurde klar, dass er reingelegt worden war. Und in dem angehenden Philosophen verdichtete sich eine Idee, die später sein Leben und erst recht sein Schaffen prägen sollte: dass nämlich Sinnlichkeit und Lebenslust, für die er seine akademische Laufbahn hergeschenkt hatte, Niederlage und Demütigung bedeuteten. Die Vergnügungsreise wurde genau zum Gegenteil dessen, was Vater Schopenhauer bezweckt hatte: nämlich zur Geburtsstunde eines Philosophen, der später das sinnliche Leben als ewiges Leiden brandmarken würde.

Arthur schrieb seiner Mutter Briefe, in denen er seine Unzufriedenheit kundtat. Johanna zeigte Verständnis, auch für seinen Zorn auf den Vater, doch mehr auch nicht. Stattdessen betonte sie ihre und des Vaters Pflicht, »alles zu Deiner Vervollkommnung beyzutragen, was in unseren Kräften steht«. Sie spielte ihm die Komplizin im

Kampf gegen die väterliche Strenge vor, doch echte Solidarität durfte Arthur von ihr nicht erwarten. Im Ernstfall spielte sie die Rolle der loyalen Ehefrau und nicht die der aufopferungsvollen Mutter.

Nach der Europareise blieb Arthur zunächst nichts anderes übrig, als in die Kaufmannslehre zu gehen. So wie Le Havre die glücklichste, war dies die unglücklichste Zeit seines Lebens: »Niemals gab es einen schlechteren Kaufmannschreiber als ich es war. Mit ganzer Seele verabscheute ich diese Tätigkeit.« Doch er stand im Wort und zählte die Tage bis zum Ende seiner Ausbildung.

Die Depressionen bekam nicht etwa er, sondern sein Vater. Heinrich Floris fiel nach der Europareise in ein körperliches und seelisches Tief, der kraftvolle Anpacker mutierte zusehends zum schwächelnden Choleriker. Einmal versetzte ihn die Rechnung eines Möbelschreiners in solche Erregung, dass er einen Freund, mit dem er sich verabredet hatte, nicht mehr erkannte und ihn an seiner Tür abwies.

Johanna indes veranstaltete weiterhin ihre Geselligkeiten und gab nach außen hin die Dame von Welt. Ein Verhalten, das ihr Sohn später mit tiefer Abscheu kommentierte: »Ich kenne die Weiber. Einzig als Versorgungsanstalt erachten sie die Ehe. Da mein eigener Vater siech und elend an seinen Krankenstuhl gebannt war, wäre er verlassen gewesen, hätte nicht ein alter Diener seine so genannte Liebespflicht an ihm erfüllt. Meine Frau Mutter gab Gesellschaften, während er in Einsamkeit verging, und amüsierte sich, während er bittere Qualen litt. Das ist Weiberliebe.« Nach dem Philosophen betrat nun auch der berüchtigte Frauenhasser Arthur Schopenhauer die Bühne.

Am 20. April 1805 dann das Unfassbare: Heinrich Floris Schopenhauer stürzte aus dem obersten Stockwerk seines Hinterhauses in den Tod. Offiziell ein Unfall, doch Johanna und Arthur wussten, dass es Selbstmord war. Er hinterließ seiner Familie ein beträchtliches Vermögen, weswegen Arthur jetzt eigentlich frei gewesen wäre, die akademische Laufbahn einzuschlagen. Doch sein Gewissen hielt ihn zunächst davon ab.

Johanna hingegen nutzte ihre neue Freiheit und zog mit Adele nach Weimar. Dort etablierte sich »Frau Hofrat Schopenhauer« binnen kurzem in der höheren Gesellschaft, ihre Tee-Empfänge wurden schon bald von illustren Persönlichkeiten besucht. Die bekannteste: Johann Wolfgang von Goethe. Als der Dichter sich endlich dazu durchrang, sein »Blumenmädchen« Christiane Vulpius zu heiraten, war Johanna im spießig-muffigen Weimar die Einzige, die keine Probleme mit dieser unstandesgemäßen Beziehung hatte und den beiden Asyl in ihren Räumen gewährte: »Wenn Göthe ihr schon seinen Namen giebt, können wir ihr wohl eine Tasse Tee geben.« Da zeigte sie sich als echte Weltbürgerin – und Arthur saß immer noch in seinem Hamburger Kaufmannskontor und haderte mit seinem Schicksal.

Schließlich jedoch brach er die Lehre ab, um auf einem Gymnasium in Gotha die Qualifikation fürs Universitätsstudium nachzuholen. Dort wurde aus dem verdrießlichen Pessimisten für kurze Zeit ein euphorischer Jüngling – so euphorisch, dass er Spottverse auf einen Lehrer dichtete und sich von der Schule verabschieden musste. Was nun?

Johanna sah sich in der Pflicht, ihren – noch unmündigen – Sohn woanders unterzubringen. Bei sich in Weimar konnte sie ihn eigentlich nicht brauchen, denn er sei, wie sie ihm in einem Brief mitteilte, »überlästig und unerträglich«. Sein Pessimismus ersticke ihre Lebensfreude, und seine Rechthaberei sei einfach nur »ärgerlich«: »Ich halte es für höchst beschwerlich mit Dir zu leben, alle Deine guten Eigenschaften werden durch eine Superklugheit verdunckelt und für die Welt unbrauchbar gemacht, blos weil Du die Wuth alles besser wissen zu wollen, überall Fehler zu finden außer in Dir selbst, überall bessern und meistern zu wollen, nicht beherrschen kannst.« Johanna wollte also ihren miesepetrigen, besserwisserischen Sohn nicht in ihrer Nähe haben. Und doch passierte genau das: Am 22. Dezember 1807 traf Arthur Schopenhauer in Weimar ein.

Zunächst hielten sich die Konflikte noch in Grenzen, weil Arthur nur selten tatsächlich in Weimar war, da die Stadt keine Universität hatte und er in Göttingen und Berlin studieren musste. Ende 1813 jedoch schlüpfte der mittlerweile mündige und promovierte Philosoph für längere Zeit unter Johannas Dach. Dort traf er allerdings auf Müller von Gerstenbergk, ein stattlicher Mann, der nicht nur in der Wohnung über Johanna wohnte, sondern auch sonst stets in ihrer Nähe war. Er war vierzehn

Jahre jünger als die alternde Hofrätin. Dass die beiden auch sexuell miteinander verkehrten, ist eher unwahrscheinlich, denn Johanna wusste nicht erst seit Goethes Heirat, was solch eine Liaison in einer Stadt wie Weimar auslösen würde. Ganz zu schweigen davon, dass Gerstenbergk einen Schlag bei jüngeren Frauen hatte und dies auch weidlich ausnutzte.

In jedem Fall aber verstanden sich die beiden gut – und allein das reichte, um Arthurs Kamm anschwellen zu lassen. Der Heimkehrer missbilligte ausdrücklich den Lebenswandel seiner Mutter. Erstens, weil er Gerstenbergk für einen Idioten hielt, zweitens, weil er sich selbst als moralischer Stellvertreter seines Vaters verstand, und drittens, weil er sich – da kam seine Verlustangst wieder hoch – von seiner Mutter abgewiesen fühlte. Es kam zu heftigen Szenen. Arthur stritt mit Gerstenbergk, der ihm in der Tat geistig weit unterlegen war. Aber er stritt auch mit seiner Mutter, die sich nicht ihr Leben vorschreiben lassen wollte. Warum sollte sie, die der Fuchtel eines tyrannischen Ehemannes entronnen war, sich nun der Fuchtel eines tyrannischen Sohnes unterwerfen?

Johanna riet ihrem Sohn – unter dem Vorwand finanzieller Engpässe – zum Auszug, worauf Arthur ihr ein höheres Kostgeld anbot. Also sagte sie ihm, dass sie sein Zimmer schon an Gerstenbergk vermietet habe. Arthur tobte – aber er zog aus und ging nach Dresden. Seine Mutter bat ihn: »Laß uns friedlich scheiden, weil wir nicht miteinander gehen können.« Aber Arthur ging nicht darauf ein. Mutter und Sohn sahen sich nie wieder.

Johanna Schopenhauer wurde erfolgreiche Autorin früh-feministischer Romane, Arthur veröffentlichte sein philosophisches Hauptwerk *Die Welt als Wille und Vorstellung*, von dem kaum jemand etwas wissen wollte. Jeder ging seiner Wege – und doch kam es noch einmal zu einem schweren Konflikt.

Johanna hatte ihr Erbvermögen und das ihrer Tochter, insgesamt 22 000 Taler, komplett beim Bankhaus Muhl angelegt. Das war leichtsinnig und wurde im Jahre 1819 bestraft, als das Institut bankrottging. Auch Arthur hatte dort Geld stehen, allerdings nur ungefähr 8000 Taler. Er konnte daher gelassener und gleichzeitig risikofreudiger reagieren als die beiden Frauen, die keine weiteren Rücklagen hatten.

Als das Bankhaus den Schopenhauers einen Vergleich anbot, wollten Johanna und Adele ihn annehmen – Arthur jedoch forderte die komplette Summe. Er riskierte damit, dass der Vergleich platzte und damit Schwester und Mutter ihr gesamtes Vermögen einbüßten. Die Frauen versuchten daher – per Brief, denn Gespräche von Angesicht zu Angesicht gab es nicht mehr –, Arthur zum Vergleich zu überreden. Doch der Philosoph blieb hart. Stattdessen schrieb er seiner Mutter, im schlimmsten Falle sein Vermögen mit seiner Familie teilen zu wollen, »obgleich Sie das Andenken des Ehrenmannes, meines Vaters, weder in seinem Sohn noch in seiner Tochter geehrt haben«. Man kann sich leicht vorstellen, wie dieser »Nebensatz« Johanna treffen musste. Klar, dass sie unmöglich auf das Angebot eingehen konnte.

Am Ende kam es zu einem Vergleich, bei dem Johanna und Adele rund siebzig Prozent ihres Geldes verloren. Arthur hingegen wartete, bis sich das Bankhaus wieder erholt hatte – und forderte dann seine kompletten 8000 Taler zurück, mit dem Hinweis: »Zahlen Sie nicht, so wird der Wechsel eingeklagt. Sie sehn, dass man wohl ein Philosoph sein kann, ohne deshalb ein Narr zu sein.« Er bekam sein Geld.

Johanna musste hingegen nach weiteren Einnahmequellen suchen, denn die Zinsen aus dem verbliebenen Erbe reichten nicht, um das Leben im teuren Weimar zu finanzieren. Glücklicherweise verkauften sich ihre Bücher. Doch 1822 erlitt sie einen Schlaganfall, ihre Schaffenskraft drohte zu versiegen. Noch einmal bäumte sie sich auf, fuhr mit Adele nach Wiesbaden zur Kur. Zuvor aber machte sie ihr Testament, in dem sie Arthur enterbte und Adele als Alleinerbin einsetzte.

Johanna Schopenhauer erholte sich und schrieb weiterhin Romane und Novellen, in denen sie die patriarchalischen Verhältnisse ihrer Zeit anprangerte, die jegliche Liebe ersticken und die Frau in die Opferrolle drängen würden. Ihre Werke lebten davon, dass die Autorin aus eigenen Erfahrungen berichtete. Sie lebten aber auch davon, dass sie den Nerv der Zeit trafen, sie spiegelten das aktuelle weibliche Lebensgefühl wider. Die Bücher wurden dadurch ein beachtlicher Kassenerfolg. Doch Johanna hatte einen aufwendigen Lebensstil, allein ihre Teegesellschaften und Reisen verschlangen große Summen. Außerdem blieb die Zeit nicht stehen, und die tatsächliche Frauenemanzipation überholte die frühfeministischen Andeutungen, wie sie in Johannas Werken zu finden waren. Bereits 1830 gingen die Büchertantiemen drastisch zurück, 1836 standen Adele und Johanna vor dem Bankrott. Sie landeten schließlich in Jena, wo sie eine Pension des Großherzogs vor dem Bettelstab rettete.

Johanna Schopenhauer starb in der Nacht zum 17. April 1838. Bis zuletzt hatte sie gehofft, versöhnt mit ihrem Sohn aus der Welt zu scheiden. Doch der setzte seiner Mutter lieber ein schriftliches »Denkmal« – und schrieb: »Überhaupt wird eine Frau, die ihren Mann nicht geliebt hat, auch die Kinder von ihm nicht lieben.« Da wurde mal wieder eine persönliche Erfahrung als allgemeingültiges Gesetz ausgebaut, so wie es in der Philosophiegeschichte ziemlich häufig geschehen ist. Arthur Schopenhauer starb am 21. September 1860, in einsamer Abgeschiedenheit – so, wie er es sich für die Erledigung dieses »solitären Geschäfts« gewünscht hatte.

## Ernest Hemingway: Torero mit Spitzenhäubchen

In Oak Park fanden erotische Erlebnisse allenfalls unter der Bettdecke statt. Wie es im ausgehenden 19. Jahrhundert typisch war für eine Kleinstadt im mittleren Westen der USA: Man heiratete früh, bekam früh viele Kinder und blieb mit seinem Partner zusammen, bis der

Tod die Gemeinschaft auflöste. Ansonsten lief man mit keusch gesenktem Blick durch die Stadt.

Doch an Grace Hall konnte kein Mann einfach so vorbeigucken. Auch nicht Ed Hemingway, der Junge, der mit seiner Familie ins Haus gegenüber eingezogen war. Denn das Mädchen hatte blaue Augen, rosige Wangen, kastanienbraunes Haar, schlanke Arme und war, obwohl gerade fünfzehn, bereits 1,73 Meter groß und mit einem beachtlichen Busen ausgestattet. Ein Busen wie geschaffen für eine Opernsängerin, die sie nach den Vorstellungen ihrer Mutter werden sollte. Grace bekam Gesangs-, Klavier- und Geigenstunden und offenbarte durchaus Talent. Doch aus ihrer Opernkarriere wurde nichts.

Bei einem Konzert im Madison Square Garden bekam Grace plötzlich heftigste Kopfschmerzen, so dass sie gar nicht erst die Bühne betreten konnte. Ob dieser Anfall von einem unbewussten Wunsch zu versagen herrührte? Wir wissen es nicht. In jedem Fall reichte er aus, dass Grace ihre Karriere beendete.

Sie erinnerte sich an den jungen Mann von gegenüber. Er hatte ihr sogar schon einen Heiratsantrag gemacht, doch den hatte sie wegen ihrer Opernpläne erst einmal abgelehnt. Doch jetzt war sie so weit. Ed Hemingway und Grace Hall schritten vor den Traualtar. Sie, die gescheiterte Opernsängerin mit geradezu fanatischer Leidenschaft für die Muse und das Schöne, und er, der Arzt mit Falkennase und Armen wie Feuerlöschern, der nicht still sitzen konnte, sich auf Überlebenstechniken in der Wildnis verstand und Musik allenfalls als Hintergrundgeräusch ertrug. Gegensätzlicher konnten zwei Menschen kaum sein, die Beziehung konnte unmöglich funktionieren. Immerhin bekamen sie sechs Kinder. Eines davon war Ernest. Er war wie die Ehe, aus der er hervorging: eine ungemein kreative Katastrophe.

Ernest Hemingway wurde am 21. Juli 1899 geboren, achtzehn Monate nachdem die Hemingways bereits ihr erstes Kind, ein Mädchen namens Marcelline, bekommen hatten. Mutter Grace fand große Befriedigung darin, ihm dem Namen Ernest Miller zu geben: Ernest nach ihrem Vater, Miller nach dem Bruder ihres Vaters. Woraus allein schon deutlich wird, dass sie nicht bereit war, ihren Mann und dessen Familie in ihrem Leben oder dem ihrer Kinder zu berücksichtigen.

Für Grace stand vielmehr fest, dass sie bestimmte, wo es langging. Sie war es, die das Haus auswählte, in dem die Familie lebte; sie organisierte die Schulausbildung der Kinder und dirigierte sie zum Gesangs- und Tanzunterricht; sie fuhr mit ihnen auf teure Urlaubsreisen, während der Mann zu Hause in seiner Praxis arbeitete. Wenn er sich über die Kosten dieses Lebensstils (Grace pflegte einen ausgeprägten Hang zu extravaganter Kleidung) beklagte, überzog sie ihn mit Spott und Verachtung. Oder sie täuschte Kopfschmerzen vor und zog sich ins Schlafzimmer zurück, was ihn, der Alleinsein und längeres Schweigen nicht ertragen konnte und selbst beim Holzhacken einen Gesprächspartner brauchte, erst recht weichkochte und gefügig machte.

Ed Hemingway vermochte den Zermürbungsstrategien seiner Frau nichts entgegenzusetzen. Er konnte zwar in freier Wildbahn überleben und niedliche Murmeltiere schlachten, aber im Ehekonflikt war er schwach und passiv. Ernest meinte später, die »erste psychische Wunde« in seinem Leben sei jener Moment gewesen, als er erkennen musste, dass sein Vater ein Feigling war.

Grace setzte sich nicht nur permanent über die Einwände und den Willen ihres Mannes hinweg, sie ließ ihn auch spüren, dass sie ihn für einen vorstädtischen Geburtshelfer hielt, der ihre Aktionen höchstens abnicken durfte. Als Ed sich gegen die Tanzausbildung für die Kinder sträubte, hielt sie ungerührt an diesem Unterricht fest – und veranstaltete sogar noch einen feudalen Tanzball im eigenen Haus, um die Demütigung des Mannes perfekt zu machen.

Ed murrte und schmollte, aber er probte keinen Aufstand. Stattdessen ließ er seinen Frust an den Kindern aus. »Die Grübchenwangen und das charmante Lächeln meines Vaters«, so beschrieb es seine älteste Tochter Marcelline, »verzogen sich manchmal mit einem Schlag zum streng verkniffenen Mund und durchdringenden Blick des alten Schulmeisters. Dieser Wechsel von Fröhlichkeit zur Strenge konnte so abrupt sein, dass wir auf den Schreck gar nicht vorbereitet waren, wenn Daddy eben noch seinen Arm um einen von uns gelegt hatte oder wir lachend und schwatzend auf seinem Schoß gesessen hatten, und wir dann plötzlich – wenn irgendetwas, was wir gesagt oder getan hatten, oder auch nicht getan hatten, ihm auf einmal einfiel – auf unsere Zimmer geschickt wurden, manchmal sogar ohne Abendessen. Es kam auch vor, dass er uns übers Knie legte und verprügelte.« Bei ernsteren Verfehlungen ließ der Vater seine Kinder auch den Riemen spüren – oder er stopfte Seife in ihren Mund, um ihnen wegen ihrer ungebührlichen Worte symbolisch den Mund auszuwaschen.

Gegenüber seiner Frau jedoch blieb Vater Hemingway der stumme Leidende. Er schwieg selbst dann, als sie nach der Geburt von Ernest begann, das Baby in Mädchenkleidern auszustaffieren. Biographen rätseln bis heute, warum sie das tat. Denn sie hatte ja schon eine Tochter, der unerfüllte Wunsch nach einem Mädchen konnte also nicht den Ausschlag dafür gegeben haben. Wollte sie den zahlreichen Erniedrigungen ihres Mannes einfach nur noch eine weitere hinzufügen? Oder wollte sie, die sich als verhinderte Künstlerin empfand, alles Männliche aus der Familie eliminieren, weil sie es für grob, ungeschliffen und kulturell minderwertig hielt? In jedem Fall kleidete sie Ernest in Röcke, Blusen und Kleider und krönte ihn mit blumenbestickten Hüten. Dann fotografierte sie ihn und steckte die Fotos ins Familienalbum, versehen mit der Notiz: »Ein Sommermädchen.«

In den ersten Wochen seines Lebens trug Ernest hauptsächlich ein Babykleid, das, wie Grace notierte, »schon seine Mutter getragen« hatte. Später sah man ihn häufiger in weißen Spitzen mit rosa Schleifen und hellblauen Schuhen, und für einen Fototermin wurde er in dasselbe Kleid gesteckt, »in dem Marcelline im gleichen

Alter auch aufgenommen wurde«. Hier bahnte sich bereits ein weiteres Kuriosum im Hemingway'schen Familienleben an: dass nämlich Grace zunehmend so tat, als ob Ernest und Marcelline gleichgeschlechtliche – zumeist weibliche – Zwillinge wären. Sie mussten schließlich in komplett identischem Outfit auftreten: zunächst mit Häkelhäubchen und Rüschenröcken, später mit rosa Kleidern und weißen Hauben aus Bamberger Spitze. Oft stattete sie die beiden sogar mit identischen Frisuren aus und nannte sie ihre »süßen Bubiköpfchen«.

Mutter Hemingway wollte aber nicht nur, dass Ernest und Marcelline gleich aussahen – sie sollten auch dasselbe tun. Sie hatten dieselben Freunde, schliefen im selben Schlafzimmer in identischen Kinderbetten, spielten mit denselben Puppen und demselben Teeservice.

Grace zögerte sogar die Einschulung ihrer Tochter hinaus, damit diese mit ihrem Bruder in dieselbe Klasse gehen konnte. Das änderte sich zwar schon bald, weil Marcelline nicht nur älter war, sondern anfangs auch schneller lernte als er und daher auf Drängen der Schulleitung eine Klasse überspringen musste. Doch zwischen dem siebten und achten Jahr ließ Grace sie eine Unterrichtspause einlegen, damit sie sich auf die Klavier-, Geigen- und Gesangsstunden konzentrieren konnte. Am Ende des Jahres hatte die Mutter dann zwei Ziele auf einmal erreicht: Die Tochter war in ihrer musikalischen Ausbildung deutlich vorangekommen – und die Geschwister waren wieder in derselben Schulklasse. Nichtsdestoweniger machte Marcelline, die nach Mozarts

»Marcellina« in der *Hochzeit des Figaro* benannt worden war, als Musikerin genauso wenig Karriere wie ihre Mutter.

Psychoanalytiker haben viel darüber spekuliert, warum Grace Hemingway ihre älteste Tochter und ihren ältesten Sohn zu gleichgeschlechtlichen Zwillingen machte. Unbewusst tat sie es jedenfalls nicht, sie gab später zu, dass sie es ausdrücklich so wünschte. Die naheliegendste Erklärung ist noch die, dass sie sich durch die Geburt von Ernest an ihre eigene Kindheit erinnert fühlte. Grace war nämlich selbst mit einem jüngeren Bruder aufgewachsen, der, nur weil er jünger war und zudem noch ein Junge, diverse Privilegien genossen hatte, wie etwa den frühen Besitz eines Fahrrads. Grace wollte nun ihrer Tochter Marcelline vielleicht diese Ungerechtigkeit ersparen, indem sie ihre Kinder nicht nur im Alter, sondern auch im Geschlecht egalisierte.

Psychoanalytisch interessant ist aber natürlich auch, was diese Gleichschaltungsstrategie bei Ernest Hemingway anrichtete. »Er wuchs weder in eine männliche noch in eine eigene Identität hinein«, vermutet der deutsche Psychologe Volker Elis Pilgrim. »Unter dem öffentlich herausgeputzten Männerimage des Kriegers, Kämpfers, Jägers blieb er ewig die kleine Zwillingsschwester.«

Für diese Theorie spricht, wie euphorisch Hemingway in seinen Büchern, aber auch in seinem Leben das Image des »He-Man«, des ganzen Kerls herausstrich. Er war freiwilliger Kriegsteilnehmer im Ersten Weltkrieg, Kriegsberichterstatter im Zweiten, leidenschaftlicher Jäger und Anhänger des spanischen »Machismo« mit seinen blutrünstigen Stierkampfszenarien. Er soff bis zum Umfallen, schimpfte in übelster Fäkalsprache und suchte ständig das Abenteuer, so wahnwitzig es auch war. Nicht zu vergessen sein ostentativ gepflegter Frauenhass: »Wenn man eine Frau verlässt, sollte man sie am besten erschießen. Das würde einem viel Ärger ersparen, auch wenn man dafür erhängt wird.« All das war gleichsam Fassade und ersehntes Ideal im Leben Hemingways.

Auf der anderen Seite war da aber auch noch der Autor, der in seinem Buch *Der Garten Eden* transsexuelle Phantasien heraufbeschwor. Der unvermittelt in Weinkrämpfe ausbrechen konnte und in seinen Büchern – in fast Freud'scher Manier und für damalige Zeiten unglaublich unverhüllt – die männliche Angst vor Impotenz und Penisverlust thematisierte. Hier offenbarte sich Hemingway als kleine Zwillingsschwester, hier zeigte sich das Weibliche und Unbestimmte, das immer wieder aus den Tiefen des Unbewussten zu ihm vordrang. Manchmal kam es sogar vor, dass er beides, den »Macho« und den weiblichen Zwilling, gleichzeitig oder in unmittelbarer Folge auslebte. So ließ er sich von der Schriftstellerin Gertrude Stein stundenlang die Vorzüge der lesbischen Liebe erklären – um dann noch am gleichen Abend loszuziehen und eine Lesbierin aufzugabeln: »Ich fickte sie. Mit prächtigem Resultat, das heißt, wir haben gut geschlafen hinterher.«

Das Zwillingstheater der Mutter sorgte zudem dafür, dass Ernest auch nach der Kindheit kein positives Verhältnis zu Marcelline aufbauen konnte. Während ihm, als er bereits als Schriftsteller etabliert war, zu seinen anderen vier Geschwistern wenigstens gelegentlich ein paar anerkennende Bemerkungen einfielen, hatte er für seine große Schwester nur Schweigen oder Despektierlichkeiten übrig. Der Grund: Weil sie als Zwillinge galten, hatte er immer wieder im Wettstreit gegen sie antreten müssen, egal, ob in Schule, Tanz oder Sport oder auch im Wettkampf um die Zuneigung der Eltern. Ernest hatte dabei in der Regel keine Chance, denn er war ja kleiner und seiner Schwester unterlegen. Auch sprachlich war er nicht so gewandt wie sie, weil er unreifer war, aber auch weil Jungen in der Sprachentwicklung den Mädchen anfangs ohnehin hinterherhinken.

Normalerweise tauchen solche Probleme im Verhältnis zwischen älterer Schwester und kleinem Bruder gar nicht auf. Eher ist es üblich, dass die Schwester dem Kleineren eine zweite Mutter ist, oder aber dass sie sich einfach nicht für ihn interessiert. Doch wenn man beide als gleichgeschlechtliche Zwillinge behandelt, entwickeln sie zwangsläufig viele Konfliktfelder, weil man sie mehr miteinander vergleicht. Was freilich Marcelline, die ja oft als Siegerin aus den Wettstreitigkeiten hervorging, weitaus weniger ausmachte als ihrem kleinen Bruder. Sie schrieb später eine Familiengeschichte der Hemingways, in der sie ihre Kindheit und ihre Eltern überwiegend in positivem Licht erscheinen ließ – im Unterschied zu Ernest, der sich darüber ausschwieg oder aber in ätzender Bitterkeit über sein Elternhaus sprach. Seine Mutter etwa titulierte er 1948 in einem Brief als »an all-time, All-American bitch«.

Vater Hemingway sah die eigentümlichen »Erziehungsstrategien« seiner Frau, griff aber nie ernsthaft ein. Er zog sich stattdessen immer mehr aus dem Familiengeschehen zurück, mit der Folge, dass er zunehmend an Respekt einbüßte. Vor allem bei Ernest, der ihm gegenüber immer überheblicher wurde und sich als eigentliches Familienoberhaupt zu genieren begann. Eds Hilflosigkeit steigerte sich dadurch zur Verzweiflung. 1912 war er, der muskelbepackte Survival-Künstler, nervlich am Ende und verabschiedete sich zu einem mehrmonatigen Kururlaub – ohne Frau und auch ohne Kinder. Der mittlerweile dreizehnjährige Ernest fühlte sich jetzt endgültig vom Vater verlassen, seine Arroganz schlug um in Verachtung und Hass. Ed spürte das, doch die Gefühle und Spannungen zwischen den beiden wurden nie geklärt.

Als Achtzehnjähriger beobachte Ernest den Vater, wie er »schwitzend wie immer« in seinem Tomatenbeet arbeitete. Der Junge nahm seine Schrotflinte und zielte auf Eds Kopf. Dann senkte er das Gewehr, um es sogleich aufs Neue anzulegen. Immer wieder vollführte er dieses Procedere. Ernest war ein guter Schütze, es wäre kein Problem gewesen, den Vater zu erlegen wie die Rebhühner, die sie früher gemeinsam geschossen hatten. Er tat es nicht, sondern genoss nur das Gefühl, es tun zu können. Den erlösenden Schuss gab jemand anderes ab.

Am 6. Dezember 1928 erwachte Ed Hemingway mit

starken Schmerzen im Fuß. Als Arzt wusste er, dass sie von einer Durchblutungsstörung herrührten und ihm eine Amputation drohte. In diesem Fall wäre er auf die Pflege seiner Ehefrau angewiesen – und würde sich ihr nicht mehr ohne weiteres entziehen können. Ihr als Krüppel ausgeliefert zu sein, wäre eine Demütigung, die alle bisherigen Erniedrigungen, die er durch Grace erfahren hatte, an Schwere übertraf. Nach dem Mittagessen ging er in sein Zimmer, setzte sich einen Revolver an die rechte Schläfe – und drückte ab.

Ernest gab Grace die Schuld an dieser Tragödie. Er ließ der Witwe zwar – 1927 war ihm mit dem Roman *Fiesta* der Durchbruch als Schriftsteller gelungen – regelmäßig Geld zukommen, brach aber ansonsten den Kontakt zu ihr ab. Einer seiner engsten Freunde, John Dos Passos, sagte einmal, Ernest sei der einzige Mann, den er je gekannt habe, »der seine Mutter wirklich hasste«.

Als Sohn, der als Zwillingsschwester herhalten musste, mag Hemingway gute Gründe dafür gehabt haben. Doch für den Selbstmord des Vaters kann man Grace nicht verantwortlich machen. Am Morgen seines Todes riet sie selbst ihm noch, mit seinem schmerzenden Fuß unbedingt den Arzt aufzusuchen. Außerdem hätte er sich jederzeit von ihr trennen können. Er tat weder das eine noch das andere. Wie er vieles nicht tat, was seine Situation und die seiner Kinder möglicherweise erleichtert hätte.

Die Gründe für einen Selbstmord sind oft so komplex, dass sie nicht einmal derjenige begreift, der ihn begeht. Die Hemingways schienen sogar eine Veranlagung dafür im Blut zu haben. Neben dem Vater wählten später auch Ernest und seine Geschwister Leicester und Ursula den Freitod. Margaux, die Enkelin des Schriftstellers, starb 1996 an einer Überdosis Schlaftabletten.

Mutter Grace hingegen starb erst 1951 im Alter von 79 Jahren – nachdem eine Krankenschwester versehentlich ihren Rollstuhl umgekippt hatte.

## Edith Piaf: Ein Spatz übt Rache

Kaum eine Sängerin hat wohl die Welt jemals so bezaubert wie Edith Piaf. Und das liegt weniger an ihrer Stimme als an der Art, wie sie singt. Da ist etwas, was die Menschen in ihrem Innersten berührt. Der Schriftsteller und Maler Jean Cocteau sagte: »Jedes Mal, wenn sie singt, meint man, sie reiße sich die Seele aus dem Leib.« Es gibt viele Sängerinnen, die ein echtes Gefühl in ihre Stimme legen können, doch der Gesang der Piaf, *ist* einfach das Gefühl schlechthin. Doch wer oder was gab ihr die Fähigkeit, diese emotionale Absolutheit zu erreichen?

Im Verlauf ihrer Karriere erfuhr die Welt, dass Edith Piaf eine unerhört harte Kindheit hinter sich hatte. Doch das haben andere auch, ohne dass sie danach mit einer besonderen Gefühlstiefe ausgestattet wären. Das Besondere an der Piaf war vielmehr der Widerspruch, dass sie die Entbehrungen der Kindheit zwar hinter sich gelassen hatte, aber dennoch immer daran gefesselt blieb. Bruno

Coquatrix, Direktor des Pariser »Olympia«, sagte einmal: »Ihr ganzes Leben hindurch hat sie sich wegen ihrer entsetzlichen Kindheit gerächt.«

Das Eigentümliche an Rache ist jedoch, dass man dabei zum Objekt seiner Rachegelüste zurückkehren muss – egal, ob es sich um eine geographische oder »nur« um eine gedankliche Bewegung handelt. Rache ist eben Vernichtung und Rückkehr in einem. Eine Loslösung ist unmöglich – diesen Widerspruch konnte auch Edith Piaf nicht aufheben. Aber sie konnte ihn heraussingen. Deswegen geht uns ihr Gesang so nahe.

Zahlreiche Widersprüche und Legenden umspinnen bereits die Geburt der Piaf, und daran ist sie selbst nicht ganz unschuldig, insofern sie in ihren biographischen Angaben gerne die Realität mit ihrer immensen Einbildungskraft vermischte. Eine Flunkerei, die man verzeihen muss. Denn ihre Kindheit war so traumatisch und irritierend, dass sie allen Grund hatte, sie unter einem Kokon schöner und spannender Geschichten zu verstecken.

Eine der Legenden besagt, dass Edith Piaf am 19. Dezember 1915 in einem Pariser Armenviertel auf der Straße zur Welt kam: im trüben Licht der Straßenlaternen, direkt vor einer Polizeiwache. Das Baby wurde auf den Regenmantel eines Schutzmannes gebettet. Die Mutter war allein mit zwei Polizisten als Geburtshelfer, denn der Vater, der eigentlich eine echte Hebamme holen sollte, war auf dem Weg dorthin in diversen Kneipen versackt.

Heute wissen wir, was an dieser Geschichte nicht stimmt. So erfolgte die Geburt nicht auf der Straße, sondern in einer Wohnung; Polizisten waren auch nicht da, sondern eine benachbarte Krankenschwester, die das Kind von der Nabelschnur schnitt. Der Vater allerdings war tatsächlich auf Sauftour, und die Umgebung, in die Edith hineingeboren wurde, war trostlos und ärmlich. Denn ihre Eltern bekamen einfach kein Bein auf den Boden.

Vater Jean Gassion war ein gerade mal 1,47 Meter großer und 40 Kilogramm leichter Zirkusakrobat und Clown. Er kompensierte seine Kleinwüchsigkeit durch Artistik, Humor und Prahlereien, außerdem war er hübsch und hatte ein feingeschnittenes Gesicht, so dass er trotz des Zwergenwuchses gute Chancen bei den Frauen hatte. 1914 lernte er auf dem Pariser Jahrmarkt Anetta Maillard kennen. Sie verkaufte Nougat, führte eine Reitbahn und trat gelegentlich als Sängerin auf. Ihre Stimme sollte das Einzige bleiben, was sie ihrem Kind im Leben mitgeben würde.

Die beiden heirateten. Anetta war sechzehn Jahre alt – zu jung, um bei ihrem mehr als doppelt so alten Ehemann eigene Bedürfnisse durchsetzen zu können. Ihr Leben war geprägt von Armut, Elend und Frustration. Denn das wenige Geld, das die beiden verdienten, brachte Jean mit Kneipentouren und anderen Frauen durch. Zu allem Überfluss wurde Anetta auch noch schwanger, und sie brachte schließlich ein winziges, blasses und rachitisches Mädchen zur Welt. Es sollte, so forderte es der

Vater, Edith heißen. Denn kurz zuvor, der Erste Weltkrieg war gerade in seine blutigste Phase eingetreten, war eine Krankenschwester namens Edith Cavell von den Deutschen erschossen worden, weil sie britischen und französischen Kriegsgefangenen zur Flucht verholfen hatte. Jean war Patriot genug, um die mutige Frau und Märtyrerin zu ehren, indem er seinem Kind ihren Namen gab.

Seine Gattin Anetta jedoch war alles andere als mutig und eine Märtyrerin. Sie fühlte sich überfordert: von ihm, dem Schwerenöter, von dem ewigen Umherreisen, vor allem aber von der zerbrechlichen Edith. Dann wurde ihr Mann auch noch zum Militär eingezogen, so dass sie keinen anderen Ausweg sah, als ihr zwei Monate altes Baby zu verlassen. Sie gab es zu ihrer Mutter und verschwand in den Tiefen des Drogensumpfs. Anetta Maillard starb 1945 an einer Überdosis Morphium.

Edith lebte fortan mit ihrer Großmutter in einer Dachkammer, die so eng und kalt war, dass selbst die Ratten daraus flüchteten. Die alte Frau war eine Säuferin, die nicht selten Hochprozentiges in das Fläschchen der Enkelin mischte, um das Baby, wie sie sagte, vor Bakterien zu schützen. Und die gab es in der Tat reichlich, weil in der engen Kammer niemand auf Hygiene achtete. Edith verwahrloste und drohte zu verhungern. Am Ende war ihr abgemagerter Körper von Dreck- und Blutkrusten übersät.

Als Jean Gassion 1917 Urlaub von der Front machte und seine Tochter besuchte, war er entsetzt. Er brachte sie zu seiner eigenen Mutter in die Normandie, wo diese als Köchin in einem Bordell arbeitete. Die Huren waren begeistert, als sie das zerbrechliche Mädchen sahen. Fast alle von ihnen hatten eigene Kinder, die jedoch irgendwo bei Pflegeeltern untergebracht worden waren, weil Mama im Freudenhaus für den Lebensunterhalt sorgen musste. Sie stürzten sich mit ihrem angestauten, nach Entfaltung drängenden Mutterinstinkt auf Edith, die sich dadurch vorkommen musste, als sei sie von der Hölle direkt ins Paradies aufgestiegen. Vorher hatte sie nichts als Hunger und eine besoffene Großmutter, jetzt hatte sie eine kochende Oma und insgesamt acht Mütter, die Edith verhätschelten, wo sie nur konnten. Sie brachten ihr den Hofknicks und feine Umgangsformen bei, lasen ihr jeden Wunsch und jeden Kummer von den Augen ab.

Einen Vater konnten sie natürlich nicht ersetzen. »Ich spürte«, so erzählte Edith Piaf später, »dass mir etwas fehlte, und zwar das, was ich zeit meines Lebens unermüdlich gesucht habe: die beschützende Gewalt eines Mannes, eines richtigen Mannes.« Stattdessen wurde ihr durch ihren Aufenthalt im Bordell ein Frauenbild implantiert, das ganz auf die Bedürfnisse des Mannes gepolt war: »Ich lernte, dass ein Mädchen niemals Nein sagen dürfe, wenn es ein Junge zu sich rief.«

Diese verhängnisvolle Melange aus der ewigen Suche nach männlichem Schutz einerseits und der unbedingten Hörigkeit gegenüber männlichen Ansprüchen andererseits schuf die Basis für das chaotische und auszehrende Liebesleben, für die zahlreichen und fast immer hochintensiven Affären der erwachsenen Edith Piaf: »Ich weiß wohl, dass ich keine Heilige bin. Meine zehn Finger reichen nicht aus, um meine Liebhaber daran aufzuzählen.« Es zog sie, die Zerbrechliche, vor allem zu körperlich starken Männern, wie etwa zu Boxern und Radrennfahrern, die sie dann mit all ihrer Leidenschaft körperlich und geistig geradezu verschlang, bis sie es nicht mehr aushielten. »Für mich war die Liebe Krach, dicke Lügen und Ohrfeigen links und rechts«, bekannte sie einmal. Der Radfahrer Louis Gérardin berichtete nach seiner zweijährigen Affäre mit der Piaf: »Zwei Tage und zwei Nächte mit ihr sind anstrengender als eine Etappe der Tour de France.«

Als sie drei Jahre alt war, konnte Edith plötzlich nichts mehr sehen, mühsam musste sie sich im Dunkel tastend zurechtfinden. Unter den Ersatzmüttern herrschte große Sorge. Sie holten einen Arzt, der keinen Grund zur Panik sah. Er diagnostizierte eine Hornhautentzündung und verschrieb Tropfen und Schutzklappen für die Augen. Die Freudenmädchen fürchteten, das würde nicht ausreichen, und verordneten sich selbst noch einen Marathon aus Gebeten, in denen sie bei Gott um Heilung für ihren Liebling flehten.

Ein halbes Jahr später konnte Edith wieder sehen – und alle waren überzeugt, dass dies ohne das massive Fürbitten nicht passiert wäre. Also fuhr das komplette Bordellpersonal nach Lisieux, um der heiligen Theresa für die Heilung zu danken. Ein bunter Haufen festlich zurechtgemachter Prostituierter zusammen mit ihrem Pflegekind und dessen Oma in einem der berühmtesten Wallfahrtsorte der Christenheit – Honoré de Balzac hätte sich das nicht besser ausdenken können!

Die katholische Kirche freilich bedankte sich auf ihre Weise für den ungewöhnlichen Pilgerbesuch. Edith musste, weil sie nun ja wieder sehen konnte, die Grundschule in der Nähe des Bordells besuchen, und die wurde von einem Pfarrer geleitet, der ziemlich entsetzt darüber war, dass seine neue Schülerin in einem »Sündenpfuhl« wohnte. Er zitierte den Vater zu sich und hielt ihm eine Standpauke: Er müsse unbedingt etwas unternehmen. Also musste Edith ihre Oma und die acht Pflegemütter verlassen, um fortan mit ihrem Vater über die Jahrmärkte zu ziehen.

Für die Siebenjährige begann damit ein unstetes Wander- und Artistenleben. Der Vater nahm sie mit von einer Stadt zur nächsten, wo er jeweils seinen Teppich ausrollte und seine Clownerien und akrobatischen Übungen vorführte. Er überlegte, wie er die Tochter in sein Programm einbauen konnte. So präsentierte er eine Zeitlang die Nummer des »sprechenden Tischs«. Sie bestand darin, dass er mit einem kleinen zugedeckten Tisch kommunizierte, unter dem die winzige Edith saß, um seinen Fragen per Klopfzeichen zu antworten. Bei einer Aufführung allerdings war der Vater so betrunken, dass er versehentlich die Decke vom Tisch riss und man seine zusammengekauerte und zerlumpte Tochter sehen konnte. Das Publikum amüsierte sich – und Edith wäre vor Scham am liebsten im Boden versunken. Ihre effektivste Rolle war noch, wenn sie einfach nach der Aufführung des Vaters das Geld bei den Leuten einsammelte. Denn deren Spendenbereitschaft erhöhte sich deutlich, wenn ihnen die zierliche Edith ihre Sammelbüchse unter die Nase hielt – und nebenbei noch einstreute, dass sie keine Mutter mehr hätte.

Wenn sie einmal etwas länger an einem Ort verweilten, durfte Edith dort zur Schule gehen. Es waren Momente, die sie sehr genoss. Weniger appetitlich waren hingegen die Abende, wenn der angetrunkene Vater eine seiner zahllosen Eroberungen mit ins Hotelzimmer brachte. Denn er ging dort ungehemmt zur Sache, und seine Tochter musste dabei aus dem Nebenbett zuhören oder aber, wenn es nur ein Bett gab, vor dem Zimmer warten, bis das Treiben vorüber war.

Manchmal waren unter den Affären auch Frauen, die länger blieben und versuchten, Edith eine Mutter zu sein. Doch das fand sie noch schlimmer, als ihrem Vater beim Sex zuzuhören. Denn ihr Bedarf an Müttern war seit ihrem Bordell-Aufenthalt fürs Erste gedeckt. Die periodischen Stiefmütter hatten keine Chance bei ihr.

Der Vater wurde älter, und sein Lebenswandel trug das Übrige dazu bei, dass seine Leistungen als Akrobat immer mehr nachließen. Er versuchte daher, seine Tochter als Einnahmequelle aufzubauen. Sein erster Versuch, aus Edith eine Trapezkünstlerin oder Kunstturnerin zu machen, scheiterte allerdings, dazu hatte sie einfach kein Talent. Er musste etwas anderes finden, doch was?

Während dieser Überlegungen wurde er ernsthaft krank. Edith ging aus dem Haus, um irgendwie Geld und Medikamente aufzutreiben. Es war mitten im Winter, als die Zehnjährige irgendwo in der französischen Provinz durch die Straßen schlich. Betteln wollte sie nicht, aber was konnte sie sonst tun? Also stellte sie sich hin – und sang: die *Marseillaise*, das einzige Lied, das sie kannte.

Es war eine Offenbarung. Die Menschen spürten, dass dort nicht einfach jemand sang, sondern dass in diesem Gesang eine ganze Seele steckte. In der Sammelbüchse klingelte es wie nie zuvor. Es war der Tag, an dem Edith ihre Bestimmung fand. Es war aber auch der Tag, an dem der Vater entdeckte, wie er selbst endlich aus seinem Elend herauskommen konnte. Er machte Edith zur Spitzennummer seines Programms – und sie musste ab jetzt singen, singen und nochmals singen.

Wurde Edith vorher als Tischtrommlerin und Sammeläffchen gedemütigt, musste sie nun in die Mühle des Straßensängerberufs. Jean gönnte ihr keine Pause und strich auch noch das gesammelte Geld komplett für sich ein. Es änderte sich eigentlich nur wenig an ihrer Situation. Der Vater nutzte die neue Einkommensquelle, um noch mehr Affären und Saufereien zu finanzieren, so dass sie weiterhin in billigen Hotels und manchmal sogar im Freien schlafen mussten. Das Einzige, wovon Edith mehr hatte als früher, waren Ohrfeigen. Die verteilte der Vater nämlich jedes Mal, wenn sie aufmuckte – und das geschah mit dem Eintritt in die Pubertät immer öfter.

Mit fünfzehn Jahren hatte Edith genug. Die Tochter

verließ ihren Vater, ohne Ankündigung und ohne ein Wort des Abschieds. Als sie berühmt wurde, wendete sie sich ihm wieder zu und unterstützte ihn, damit er nicht ins Bodenlose fiel. Er starb am 3. März 1944, im Alter von zweiundsechzig Jahren.

Man kann sich leicht vorstellen, was in Edith vorging, als sie sich von ihrem Vater löste und als Sängerin durchzuschlagen begann. Sie hatte erfahren, wie sie die Welt bezaubern konnte; das wollte sie nutzen, um ihr kaputtes altes Leben zwischen Dachkammer, Alkohol, Brutalität und Ausbeuterei hinter sich zu lassen. Auch wollte sie eine bessere Mutter sein als Anetta und einen besseren Mann an ihrer Seite haben als Jean. »Ich wollte eine Frau werden wie alle anderen«, sagte sie später, »aber ich wusste nicht, wie viel Mut dazu gehörte; denn die Unterwelt lässt einen nicht so ohne weiteres los.« Diese Unterwelt, die unbewusste Triebkraft in ihrem Innern, sorgte dafür, dass sie letzten Endes doch dorthin zurückkehrte, wo sie herkam.

Zwar gelangte sie unter ihrem Pseudonym »Piaf« (der Spatz) zu Weltruhm, doch genau wie ihre Eltern verlor sie sich in Alkohol und anderen Drogen, und sie landete immer wieder bei Männern, die sie ohrfeigten, wie ihr Vater es bereits getan hatte. Freunde berichteten sogar, dass sie die Prügel genoss, dass sie danach regelrecht befreit wirkte und mit ihren roten Wangen selig in die Runde blickte.

Als Mutter konnte die Sängerin sich ebenfalls nicht von den Geistern ihrer Unterwelt lösen. Im Jahre 1933 brachte sie ein Mädchen zur Welt: Cécelle. Sie entriss es dem Vater und nahm es mit auf ihre Konzertreisen. Das Kind war zwar bei der Mutter, bekam aber genau so ein Wanderleben zugemutet, wie Edith es seinerzeit erlebt hatte. Die anstrengenden Tourneen, die damals hauptsächlich noch über Frankreichs Hinterhöfe führten, waren für das Kind zu viel. Cécelle starb im Alter von nicht einmal zwei Jahren an einer Hirnhautentzündung.

## Drew Barrymore: Die Last der Dynastie

Man kann es Fluch nennen oder auch Tragödie. Jedenfalls scheint es tatsächlich Familien zu geben, in denen der Tod besonders oft und früh und auf gewaltsame Weise zuschlägt. Unter den Hemingways etwa begingen nicht nur Ernest, sein Vater und zwei seiner Geschwister Selbstmord, auch seine Enkelin Margaux schluckte eine Überdosis Schlaftabletten. In der Kennedy-Dynastie dominierten hingegen Unfälle und Morde: John Fitzgerald und sein Bruder Robert wurden erschossen, ihr älterer Bruder Joseph stürzte mit seinem Flugzeug über dem Ärmelkanal ab, 1997 starb Roberts Sohn bei einem Skiunfall, und nur zwei Jahre später kam John F. junior samt Schwester und Ehefrau bei einem Flugzeugunfall ums Leben.

Zu den berühmten Familiendynastien mit starkem Tragödieneinschlag gehören aber auch die Barrymores.

»Irgendwie schafften sie es, einen genialen Funken zur Mehr-als-Schauspielerei ebenso zu vererben wie das grandiose Talent, sich und anderen das Leben durch das eine oder andere Gift zur Hölle zu machen«, resümiert der deutsche Schriftsteller und Barrymore-Biograph Georg Seeßlen – »Einer schöner und kaputter als der andere.« Besser kann man es kaum auf den Punkt bringen.

Die Familiengeschichte begann 1827 mit der Geburt von John Drew. Er ging 1852 von Irland in die USA und spielte dort in seichten Komödien, die allein schon deshalb so gut ankamen, weil sein irisch gefärbtes Englisch in den Ohren der Amerikaner so lustig klang. Allerdings sprach John nicht nur irisch, er feierte und trank auch so. Auf einer Geburtstagsfeier seiner Tochter Georgiana ging es so heftig zu, dass er sich zu Tode stürzte. Er war gerade vierunddreißig Jahre alt.

Georgiana war ebenfalls eine begabte Schauspielerin – und fand nur unwesentlich später selbst den Tod. Sie heiratete am Silvesterabend 1876 Maurice Barrymore, auch er arbeitete im Theaterfach. Als ob ihm die Dreiakter auf der Bühne nicht genügen würden, gestaltete er auch sein Eheleben zum Drama. Bereits wenige Jahre nach der Hochzeit betrog er Georgiana, wo er nur konnte, und trank dabei Alkohol, so viel er nur konnte. Georgiana litt zweifelsohne sehr darunter – und starb mit knapp siebenunddreißig Jahren an schwerer Krankheit. Ihr Mann schauspielerte und soff noch eine Zeitlang weiter, bis ihn mit fünfundfünfzig Jahren die damals unbehandelbare Hirnerweichung erlöste.

Georgiana und Maurice Barrymore hatten in ihrer Ehe schon früh drei Kinder bekommen. Mit denen ließ sich nun die schaurige Schauspielertradition fortführen: Lionel, Ethel und John. Tatsächlich verankerten sie endgültig den Namen Barrymore in der Geschichte der amerikanischen Schauspielerei. Alle drei feierten in den 30ern und 40ern große Erfolge auf den Bühnen und im Film, und alle drei hatten Drogenprobleme: Lionel gab sich dem Morphium hin, Ethel dem Alkohol, und John antwortete auf die Frage eines Reporters nach dem Geheimnis seiner exzellenten Schauspielerei: »Viel Talent und viel Schnaps.« Aber immerhin kam er in seinen wenigen nüchternen Momenten auch zu der Erkenntnis: »Das Unglücklichsein bringt mich zum Trinken, und das Trinken macht mich unglücklich.«

John Barrymore wechselte die Frauen wie seine Whiskeyflaschen, und eine seiner Eroberungen war Dolores. Mit ihr hatte er zwei Kinder: Dolores Ethel und John Drew. Während das Mädchen sich in die anonyme Bürgerlichkeit zurückzog, setzte ihr Bruder die Traditionen der Familie fort: Er schauspielerte, nahm Drogen und wechselte pausenlos die Frauen. Er heiratete insgesamt vier Mal, und aus dem dritten Versuch mit Ildiko Jaid Makó ging schließlich am 22. Februar 1975 Drew Barrymore hervor – die Eltern waren zum Zeitpunkt ihrer Geburt schon nicht mehr zusammen.

John verfiel immer mehr den Drogen und landete zum Ende seines Lebens in der Psychiatrie. Seine Tochter Drew holte ihn 2003 in die Nähe ihres Wohnortes, um seine medizinische Versorgung besser überwachen zu können. Doch ansonsten tangierte sein Schicksal sie wenig, weil sie ihre Kindheit weitgehend ohne ihn verbracht hatte. Seinen geistigen Verfall kommentierte sie trocken: »Ich schätze, in jeder Familie dreht jeder ab und zu ein bisschen durch. Mein Dad dreht nur zufällig *dauernd* durch.« Zu diesem Zeitpunkt hatte sie bereits einen eigenen Aufenthalt in der Nervenheilanstalt hinter sich.

Drews Leben wäre beinahe beendet worden, noch bevor es richtig begonnen hatte. Denn als die schwangere Jaid ihrem Mann mitteilte, dass sie ihn verlassen wolle, geriet John völlig außer Kontrolle. Er schrie, dass er das Kind viel mehr wolle als sie, dann begann er, seine Frau zu prügeln. Wobei er weniger sie selbst im Visier hatte als das ungeborene Baby in ihrem Bauch! »Offenbar war er zu dem Entschluss gekommen, dass ich bei ihm bleiben würde, wenn er das Baby vernichten würde«, erzählte Jaid später. Eine ziemlich absurde Vorstellung, von der wir nicht wissen, ob sie Johns damalige Gemütsverfassung wirklich trifft.

In jedem Falle überlebte die ungeborene Drew nur, weil fünf Polizisten ihren Vater von ihrer Mutter wegzogen. Jaid mietete daraufhin ein kleines Ein-Zimmer-Apartment in West Hollywood und fand Arbeit in einem Büro. Als sie im Brotman Memorial Hospital ihre Tochter zur Welt brachte, war niemand da außer dem Krankenhauspersonal.

Jaid ergatterte einen Job als Kellnerin, um das Überleben der Mini-Familie zu sichern. Doch in ihrem Kopf spukte bereits der Gedanke, aus ihrer Tochter einen Hollywood-Star zu machen. Denn immerhin floss in Drews Adern das Blut einer uralten Schauspielerdynastie. Außerdem hielt Jaid auch sich selbst für eine begabte Darstellerin, auf die bisher nur niemand aufmerksam geworden war. Von der Beziehung zu John hatte sie sich den Ausweg aus der Anonymität erhofft, doch er hatte sich als gewalttätiger Junkie entpuppt. Nun aber hatte sie eine Tochter von ihm, eine echte Barrymore – und mit diesem Namen, da war sich die Mutter sicher, müsste man in Hollywood etwas erreichen können.

Jaid war fortwährend auf Achse. Wenn sie nicht kellnerte, versuchte sie auszuloten, was in Hollywood für sie und ihre Tochter möglich war. Dabei kam das persönliche Verhältnis zu ihrem Kind und seine eigentliche Erziehung zu kurz. Drew war ständig bei Nachbarn oder in der Obhut eines Babysitters. Sie verglich später ihre frühen Lebenserfahrungen mit denen eines »Waisenkindes« und warf der Mutter vor, dass sie für ihre hysterische Suche nach der großen Chance das Familienleben geopfert hätte.

Manchmal nahm Jaid ihre Tochter mit, wenn sie abends ausging, um in einer der zahllosen Hollywood-Bars die Szene zu sondieren. Die Kleine wurde dann als Vorzeigepüppchen ausstaffiert. Noch bevor sie richtig sprechen konnte, lernte sie, zu kokettieren und ihr Erscheinen nach den Wünschen des Publikums auszurichten. Außerdem atmete sie den Geruch von Alkohol,

Haschisch und Nikotin, hörte das Gegröle der Besoffenen und das aufreizende Gekicher der Hollywood-Girlies, die sich mit irgendwelchen drittklassigen Produzenten, Regisseuren oder Schauspielern einließen, um irgendwo eine kleine Filmrolle zu erhaschen. Drew machte Erfahrungen, die manche Menschen ihr ganzes Leben nicht machen. Aber es waren keine, die den Charakter eines Kindes festigen.

Drew Barrymore war noch kein Jahr alt, als sie ihren ersten Auftritt hatte: als Wonneproppen in einem Werbe-Clip, zusammen mit einem niedlichen Hundewelpen. Das Tier schien verwirrt und biss dem Mädchen in die Nase. Aber Drew war bereits Profi genug, um nicht zu weinen, sondern weiter tapfer in die Kamera zu lächeln. Das irritierte sogar die ehrgeizige Mutter. Sie beschloss, ihr Baby erst einmal aus dem Showbusiness herauszuhalten und sich um ihre eigene Filmkarriere zu kümmern. Doch die kam nicht voran, sodass schon bald wieder die kleine Barrymore vor die Kameras trat. Mutter und Tochter erzählten später, dass Drew selbst ihre Rückkehr vor die Kameras einforderte, weil ihr zu Hause langweilig wurde. Es fällt freilich schwer, sich vorzustellen, dass eine Zweijährige überhaupt irgendjemanden von irgendetwas sprachlich überzeugen kann. Wahrscheinlich beharrte Mama Barrymore auf dieser Legende, um ihr Image als hyperehrgeizige Rabenmutter zu korrigieren, und Drew hielt an ihr fest, weil auch sie letzten Endes stolz war, als Tochter der Barrymore-Dynastie zur Schauspielkunst geboren zu sein.

In jedem Falle hatte Drew soeben ihren zweiten Geburtstag hinter sich, als sie ihre nächste Rolle spielte, als kleiner Junge in einem TV-Movie namens *Suddenly, Love*. Es folgten diverse Castings, in denen Drew sich gegen Hunderte Konkurrentinnen durchsetzte, weil sie einfach wusste, wie sie die Herzen der Erwachsenen für sich gewinnen konnte. Diese Fähigkeit lag sicherlich in ihrer Natur, aber sie hatte durch ihre ersten Lebensjahre in den Hollywood-Bars auch eine zusätzliche Ausbildung darin erhalten.

Der Name Barrymore hingegen brachte ihr keine Pluspunkte: »Bereits im Alter von vier Jahren musste ich erkennen, dass die Leute eher zuckten, wenn sie ihn hörten: ›O, eine Barrymore. Das gibt bestimmt Ärger!‹« In den Studios erinnerte man sich eher an die Drogenprobleme als an die beachtlichen Schauspielerleistungen der Familie.

Mit jedem weiteren Schritt ins Showbusiness verlor Drew ein weiteres Stück ihrer Kindheit. Sie spielte nicht mit Gleichaltrigen, sondern lebte in der Welt der Erwachsenen, die sie beeindrucken und bezirzen wollte. In ihrem Leben gab es keine Spielplätze, sondern nur Schauplätze. »Ich war eigentlich kein Kind«, resümierte sie später. »Ich war eine lebende, funktionierende, atmende Person der Gesellschaft.« Dazu passte, dass sie nicht etwa Märchen las oder mit Puppen spielte, sondern sich mit psychedelischer Musik und Büchern der Beat-Generation beschäftigte: »Ich lauschte eher Jim Morrison als der Sesamstraße und las Bücher von Charles

Bukowski. Ich dachte, es wäre normal ... Dabei war es nur typisch für meine Mutter und mich.«

Mutter und Tochter Barrymore hatten wohl viele Kontakte, aber keine Freunde. Sie lebten in einem Kokon, in dem sich Drew oft unendlich einsam fühlte. In ihrer Verzweiflung suchte sie die Gesellschaft eines Avocadobaums, der im Hinterhof ihres Miethauses wuchs: »Ich saß fast täglich bei ihm, mit Löffel und Salzstreuer, und aß manchmal fünf Avocados pro Tag.«

Es zeigt sich hier bereits ein wesentliches Merkmal in Drews Charakter: dass sie nämlich Stress und Einsamkeit mit maßlosem und rauschhaftem Genuss zu kompensieren suchte. Dies hatten schon ihre Vorfahren so gemacht – und waren dabei am Ende in der Drogenhölle gelandet. Doch Jaid hatte keinen Blick für diese Zusammenhänge. Ihre Tochter steuerte in Richtung Drogenkarriere, ohne dass jemand sich ernsthaft dagegengestemmt hätte.

Zunächst aber ergatterte Drew 1980 eine Rolle im Film *Altered States,* und ein Jahr später bekam sie den Zuschlag für die Gertie in *E. T.* Es war alles so einfach: Die kleine, blonde Drew ging zu den Filmbossen ins Zimmer und holte sich, was sie wollte. Jaid konnte darauf nicht mehr stolz sein, sondern nur noch eifersüchtig: »Ich war außer mir! Ich habe für Tausende Rollen vorgesprochen und nie eine bekommen. Und sie walzt einfach da hin und hat schon einen großen Film in der Tasche.«

Mutter und Tochter wurden zu Konkurrentinnen, wobei die Ältere und Untalentiertere nie eine echte

Chance in diesem Vergleich hatte. Sie stand immer im Schatten der Jüngeren. Mitunter nahm diese Ungleichheit tragisch-bizarre Züge an. So konnte man Drew im Januar 1995 nackt im *Playboy* bewundern – und acht Monate später an gleicher Stelle über ihre fast fünfzigjährige Mutter staunen.

Nach *E. T.* schwappte der Ruhm über Drew Barrymore. Sie war jetzt ein Weltstar, und es folgten weitere Filme, in denen sie ungeheure Gagen abräumen konnte. Doch der Stress nahm zu und forderte seinen Tribut. Mit neun Jahren begann sie mit dem Rauchen, mit elf Jahren trank sie regelmäßig Alkohol. Es war der Zustand des Rausches, der sie magisch anzog: »Ich trank nicht, um Spaß zu haben. Ich trank, um betrunken zu werden.«

Die Drogen kamen ihr auch zur Hilfe, als sie merkte, dass ihre Karriere ins Trudeln geriet. Denn als angehende Teenagerin war sie zu alt für die üblichen Kleinmädchen-Rollen, so dass sie vorerst nur als Nebendarstellerin angeheuert wurde. Neben dem Alkohol wurde nun auch das Essen zu ihrem Trost. Innerhalb kürzester Zeit fraß sie sich ein dramatisches Übergewicht an. Sie unterzog sich zwar einer strengen Diät, die jedoch erfolglos blieb.

Stress, Frust und Zukunftsängste nahmen zu, so dass Drew Barrymore schon bald nach stärkeren Drogen suchte. Mit zwölf Jahren rauchte sie ihren ersten Joint, ein Jahr später schnupfte sie Kokain.

Man kann Jaid nicht den Vorwurf machen, dass sie zu dieser Zeit nicht an der Seite ihrer Tochter gewesen wäre. Sie war *immer* bei ihr, bei nahezu jedem Drehtag und

Pressetermin, bei nahezu jeder Party und Preisverleihung. »Ich habe versucht, alles für Drew zu sein: Mutter, Manager, Drillmeister und Freund«, erzählte Jaid dem *People*-Magazin. Aber gerade das verstärkte nur Drews Bedürfnis, mittels Drogen zu entfliehen. Denn sie fühlte sich durch die Welt des Films, in dem letzten Endes nach den strikten Vorschriften von Drehbuch und Regie gehandelt wird, ohnehin eingeengt, und die Allgegenwart der Mutter verstärkte dieses Gefühl und damit auch das Bedürfnis nach kurzfristiger Freiheit und Erlösung im Alkohol- oder Kokainrausch noch. Hinzu kam, dass Drew, um nicht von der omnipräsenten Jaid beim Drogenkonsum entdeckt zu werden, ein ausgeklügeltes Lügen- und Verstecksystem entwickeln musste. Das weckte ihren schauspielerischen Ehrgeiz. Viele jugendliche Junkies schaffen es Monate oder sogar Jahre, die Fassade des braven Kindes aufrechtzuerhalten und ihre Sucht vor den Eltern zu verbergen – für die Golden-Globe-Preisträgerin Drew Barrymore war das erst recht kein Problem.

Zumal Jaid zwar allgegenwärtig war, aber zu unsensibel und egozentrisch, um die deutlichen Hinweise auf die Drogensucht ihrer Tochter erkennen zu können. Wenn Drew etwa unkonzentriert und fahrig wurde, deutete die Mutter das als typische Verwirrtheit eines verliebten Teenagers. Und wenn sie laut und aggressiv darauf bestand, unbedingt allein sein zu wollen (obwohl sie eigentlich nichts weniger ertragen konnte als das Alleinsein), wurde das als typisches Gezicke einer Pubertierenden interpretiert. Jaid gab die verständnisvolle Mutter, ohne wirklich zu verstehen.

Ihr Coming-out als Drogensüchtige hatte Drew Barrymore am 28. Juni 1988. Sie hatte sich mit Freunden zugeschüttet, und ihr Zustand war diesmal so schlimm, dass sie auch ihr übliches Versteckspiel nicht mehr aufrechterhalten konnte. Sie kam nach Hause, stellte sich vor ihre Mutter und schrie: »Was zur Hölle tust du hier? Verlass das Haus, es ist jetzt an mir, Mama zu sein.« Die dreizehnjährige Drew torkelte und war fast bewegungsunfähig. Als es an der Tür klingelte, fürchtete sie, es sei die Polizei. Tatsächlich aber war es eine Freundin, zu der sie den Kontakt abgebrochen hatte, weil diese sich für »einen unendlich langweiligen Drogenentzug« angemeldet hatte. Die Freundin und Ildiko Jaid brachten Drew noch am selben Abend in eine Klinik.

Der Entzug im ASAP Family Treatment Center war hart; es gab einen Selbstmordversuch mit einem Messer und wiederholte Rückfälle. Die Abkehr von den Drogen gelang Drew Barrymore schließlich nur, weil die Therapeuten auch ihre familiäre Situation analysierten und auf deren Veränderung drängten. Sie löste sich von ihrer Mutter und zog in eine Gastfamilie. In dem Rock-Musiker und Ex-Junkie David Crosby und seiner Frau fand sie im Oktober 1989 Menschen, die vierundzwanzig Stunden für sie da waren.

Drei Monate später zog sie in eine eigene Wohnung und ließ sich – im Bundesstaat Kalifornien ist so etwas möglich – gerichtlich von ihren Eltern lossprechen. Als sie im Februar 1990 ihren fünfzehnten Geburtstag feierte, wurde Drew Barrymore für erwachsen erklärt. Ihre Kindheit, die eigentlich niemals eine war, fand damit offiziell ein Ende.

Nachdem zunächst niemand mehr etwas von ihr als Schauspielerin wissen wollte, fand sie schließlich den Weg zurück ins Filmgeschäft. 1993 spielte sie in dem Psychothriller *Doppelganger* eine Frau, die unter anderem ihre Mutter erdolcht. Eine Szene, die nicht nur sensible Zuschauer in Schockstarre versetzte, weil Drew wie von Sinnen auf ihr Opfer einstach. Die Rolle der Mutter spielte – Ildiko Jaid.

# KAPITEL 4

## Feiglinge und Fatalisten

Wenn Menschen zusammenleben, geht es früher oder später auch mal um die Frage nach der Macht. Dies ist auch in Familien so. Es ist schwer zu sagen, wie die Machtverhältnisse verteilt sein müssen, damit Familien halbwegs funktionieren. Die traditionelle Form mit dem Patriarchen an der Spitze ist in Verruf geraten. Dabei kann auch sie durchaus harmonisch verlaufen, sofern er seine Macht nicht missbraucht und die anderen, also Frau und Kinder, die Rollenverteilung akzeptieren. Auf der anderen Seite können gleichmäßig verteilte Macht und abgebaute Hierarchien auch für unüberbrückbare Spannungen sorgen und schließlich ein Zusammenleben unmöglich machen, weil es dann keine Strukturen mehr gibt, an denen sich die Eltern und vor allem die Kinder orientieren können. Die Laisser-faire-Bewegung der Sechziger und Siebziger scheiterte letzten Endes an diesem Problem.

Es gibt also kein Patentrezept, was die Machtverteilung betrifft; jede einzelne Familie muss ihre eigene Balance finden. Dass das nicht so einfach ist und in vielen Fällen auch überhaupt nicht klappt, zeigt die Weltgeschichte. So wuchs Friedrich Nietzsche als typischer Muttersohn auf. Der Vater starb früh, und die junge Mutter wollte der Welt und ihren Verwandten zeigen, dass sie der Rolle der Alleinerziehenden gewachsen war. Dazu gehörte, den Sohn subversiv unter ihre Kontrolle zu bringen: mit Zuckerbrot und Watte. Sie las ihm einerseits jeden Wunsch von den Augen ab, bekochte und verhätschelte ihn, machte ihn abhängig von ihrer Zuwendung; andererseits nutzte sie diese Abhängigkeit und unterbreitete ihm immer wieder zärtlich verpackte Vorschriften zu seiner Lebensführung. Weil er ihre Liebe nicht verlieren wollte, traute er sich nicht, diese abzulehnen. Stattdessen bündelte und äußerte er sein Streben nach Unabhängigkeit, indem er als Philosoph mit Begriffen wie »Herrenmoral«, »Wille zur Macht« und »Übermensch« um sich warf. Erst als Fünfundvierzigjähriger wagte er die offene Konfrontation mit seiner Mutter, schlug sogar auf sie ein – da war er schon auf dem Weg ins Irrenhaus.

Clara Schumann wurde unter dem Machtanspruch ihres Vaters geradezu erdrückt. Nicht nur, dass sie sich als »Wunderkind« seinem Unterricht beugen musste, er versuchte auch, ihre Beziehung zu Robert Schumann zu unterbinden. Erfolglos – weil Clara einfach Fakten schuf und mit Robert schlief. Sex konnte man eben schon immer als Druckmittel einsetzen.

In der Familie Dalí war es hingegen der Sohn, der die Familie tyrannisierte. Die Eltern ließen ihn gewähren, weil sie durch den Tod des ersten Sohnes, Salvador I., traumatisiert waren und Salvador II. nicht verärgern wollten. Bei den Tucholskys war es wiederum die Mutter und bei Anaïs Nin der Vater, die sich zu Diktatoren aufschwangen. Zu Diktatoren freilich, die eher Ohnmacht als Kontrolle ausstrahlten. Wie man sieht, können Machtverhältnisse auf sehr unterschiedliche Weise aus der Balance geraten.

Eine unausgewogene Machtverteilung wiegt in der Familie besonders schwer, weitaus schwerer als etwa in der Politik. Nicht nur, weil uns Menschen, die uns nahe sind, zwangsläufig tiefer verletzen können als andere. Es gibt noch einen anderen Grund, und den brachte niemand so schön auf den Punkt wie François La Rochefoucauld: »Die Macht, die geliebte Menschen über uns besitzen, ist fast immer größer als die, die wir über uns selbst haben.« Der französische Moralist und Schriftsteller wusste, wovon er sprach. Seine Eltern verheirateten ihn, als er fünfzehn Jahre alt war.

## Clara Schumann: Zwei Männer und ihr Wunderkind

Friedrich Wieck war ein leidenschaftlicher Mann, und seine Leidenschaft galt der Musik. Schon als Schüler der Leipziger Thomasschule hatte er ohne das Wissen seiner Eltern heimlich Klavierunterricht genommen. Danach hatte er zwar ein Theologiestudium absolviert, doch sein eigentlicher Lebensinhalt blieb die Musik. Als großer Komponist die Welt zu verzaubern, das wäre etwas für ihn gewesen. Doch es fehlte ihm an Talent. Also gründete er erst eine Klavierfabrik und wenig später eine Klavierschule, wo er nach der sogenannten Logier-Methode arbeitete. Seine Schüler wurden dabei mit einem Metallgestänge am Piano fixiert, und dann mussten sie ihre Finger durch die Löcher zweiter Holzblöcke stecken und immer die gleichen Tastenfolgen spielen. Schon Dreijährige konnten dadurch die richtige Spieltechnik lernen. Gefühl und Spaß blieben zwar außen vor, doch spieltechnisch war man nach diesem Drill auf einem so hohen Niveau, dass man als menschliche Drehorgel jedes Kaffeehaus in seinen Bann ziehen konnte.

Eine von Wiecks Schülerinnen war Marianne Tromlitz: schwarze Haare, dunkle Augen, üppiger Busen und gerade mal achtzehn Jahre alt. Sie erweckte bei ihrem Lehrer eine Leidenschaft, die ausnahmsweise mal nicht in Richtung Musik ging. Anfang 1817 kam es zur Heirat, und aus Mademoiselle Tromlitz wurde Madame Wieck. Sie wurde umgehend schwanger, und ihr Mann drängte, dass sie unbedingt eine Tochter zur Welt bringen solle. Auf ihre Frage, warum es denn kein Sohn sein dürfe, erwiderte er nur: »Weil Mädchen gefügiger sind.« Dadurch könne man aus ihnen bessere Pianisten machen.

Marianne hatte Glück: Es wurde ein Mädchen und bekam den Namen Adelheid. Die Mutter erfreute das Baby mit ihrem Klavierspiel: mit Stücken von Mozart, Beethoven und Bach. Doch ihr Mann wetterte, dass Adelheid etwas Moderneres für ihre musikalische Entwicklung bräuchte, nicht diese angeblichen großen Meister, die nur das Gemüt, den Geist und die Finger abstumpfen würden. Marianne brachte das Mädchen daraufhin zu ihren Eltern nach Plauen, von wo es nie mehr zurückkehren sollte: Adelheid erkrankte und starb – kaum neun Monate alt.

Doch Marianne wurde bald wieder schwanger. Diese Tochter – so tönte es aus Wieck, der natürlich wieder ein Mädchen haben wollte – würde zu einer der größten Pianistinnen aller Zeiten werden. Clara würde sie heißen, die Reine und Strahlende.

Am 13. September 1819 war es so weit, und tatsächlich wurde es wieder ein Mädchen. Es sollte die Prophezeiungen erfüllen und der Musikwelt seinen Stempel aufdrücken – und dafür teuer mit seiner Kindheit bezahlen.

Clara Wieck war ein hübsches Kind, mit den schwarzen Haaren und den dunklen, mandelförmigen Augen ihrer Mutter. Aber sie war für ein Baby ungewöhnlich stumm und passiv. Das übliche Quieksen und Brabbeln fehlte, selbst beim Schreien und Weinen hielt sie sich zurück, das Krabbeln wirkte widerwillig und ungelenk. Als ob Clara ahnte, dass jeder Entwicklungsschritt, den sie allzu deutlich offenbarte, sie unter die Fittiche des Vaters treiben würde. Und der wartete nur darauf, aus ihr eine Pianistin zu machen.

Doch es nutzte nichts, sie konnte ihm nicht entgehen. Im Alter von zwei Jahren steckte er sie das erste Mal in den Logier'schen Trainingsapparat, wo sie sich zum Entzücken ihres Peinigers überaus geschickt anstellte. Mit dem Sprechen haperte es jedoch – Clara war vier Jahre alt, als sie die ersten Worte von sich gab. Und da war sie nicht etwa zu Hause, sondern zusammen mit Mutter Marianne bei den Großeltern in Plauen, weit weg vom Vater und seiner Drillmaschine.

Marianne hätte ihren und Claras Aufenthalt in Plauen gerne auf unbestimmte Zeit verlängert, denn ihre Ehe mit Friedrich stand kurz vor der Scheidung. Sie konnte seine Sturheit nicht mehr ertragen, während er beklagte, dass sie weiterhin ihre eigene Künstlerkarriere verfolgte und Klavierkonzerte gab. In den letzten Monaten war es zu heftigen Streitereien gekommen. Außerdem schien es ganz so, als hätte Marianne sich auf eine Affäre eingelassen: Ihr Sohn Victor – 1824 als letzter von Claras drei Brüdern geboren – war ihrem Gesangslehrer wie aus dem Gesicht geschnitten.

Die Scheidung drohte zum Rosenkrieg zu eskalieren: Marianne wollte Clara unbedingt in Plauen behalten, doch Friedrich wollte sie zu sich nach Leipzig holen – und er wusste, dass ihm das Sorgerecht, sobald die Tochter fünf Jahre alt geworden war, auch gesetzlich zustand. Also musste seine Exfrau am Ende nachgeben: »Du bestehst darauf, die Clara jetzt zu haben, nun sei es, in Gottes Namen! Ich habe alles versucht, dich zu erweichen, Du sollst sie haben, mag das Herz mir brechen.«

Zurück in Leipzig wurde Clara von einer Magd versorgt, die meistens schwieg und dadurch kaum geeignet war, dem verschlossenen Mädchen, das nun auch noch von seiner Mutter getrennt war, sprachlich auf die Sprünge zu helfen. Es gab kein Spielzeug, keine Puppen, keine Tiere, sondern nur das Klavier und den Vater, der fortan all sein Streben und Arbeiten auf seine Tochter fokussierte. Er fing sogar an, für sie Tagebuch zu schreiben – wohlgemerkt in der Ich-Form, als habe Clara selbst geschrieben. Als sie dann des Schreibens mächtig wurde, durfte sie ihr Tagebuch zwar selbst führen, musste es aber dem alten Wieck zum Lesen vorlegen. Dadurch kamen Zeilen zustande, die man wohl sonst nicht im Tagebuch einer Neunjährigen findet:

»Mein Vater, der längst schon vergebens auf eine Sinnesänderung von meiner Seite gehofft hatte, bemerkte heute nochmals, dass ich immer noch so faul, nachlässig, unordentlich, eigensinnig, unfolgsam pp sey … von heute an will er mir keine Stunde mehr geben und ich darf nichts weiter spielen als Tonleitern …«

Immer wenn Clara allzu sehr bockte, drohte der Vater, ihr keinen Unterricht mehr zu geben. Man fragt sich, warum sie es nicht einfach darauf ankommen ließ, denn auf diese Weise hätte sie ja womöglich ihrem Klavier-Moloch entrinnen können. Doch das wollte sie nicht, weil sie an ihren Brüdern sah, was die Konsequenz davon war. Der Vater strafte die Brüder nämlich – nachdem er die Defizite in ihrem musikalischen Talent diagnostiziert hatte – mit kalter Ignoranz. Clara hätte also mit dem Entzug des Klavierunterrichts nicht nur das verloren, was sie besonders gut konnte und irgendwie auch ganz gerne mochte, sondern auch ihre privilegierte Stellung innerhalb der Familie. Also unterzog sie sich weiter dem väterlichen Drill.

Im Juli 1828 heiratete Friedrich Wieck die Pastoren-
tochter Clementine. Sie war jung, fromm und konnte –
was ihm vermutlich am wichtigsten war – weder singen
noch Klavier spielen. Clara kam mit dieser Neubeset-
zung halbwegs klar, sie nannte Clementine einfach
»Mutter«, genauso wie sie es bei ihrer leiblichen Mutter
zu tun pflegte. Außerdem hatte sie ohnehin nicht mehr
viel Zeit, sich darüber Gedanken zu machen, denn Ende
1828 begann der Vater, Konzerte für sie zu organisieren.
Clara war zu diesem Zeitpunkt neun Jahre alt.

Die blutjunge und hübsche Konzertpianistin wurde
bald zum Star. Dass in der Musikszene diverse Wunderkinder herumgereicht wurden, war damals zwar schon
üblich – doch unter ihnen hatte Clara das größte Talent,
und das spürte jeder, der halbwegs funktionierende Ohren hatte. Im März 1830 spielte sie beim Dresdener Hof-
adel, und ihr Vater steckte sie dafür in ein rosaseidenes
Kleid, das Schultern und Brustbein frei ließ, um auch op-
tische Reizpunkte zu setzen. Er wusste eben, dass Musiker in ihrer ganzen Erscheinung überzeugen mussten,
wenn sie Erfolg haben wollten.

Danach musizierte Clara beim fast dreiundachtzig-
jährigen Goethe. Der Dichterfürst ahnte wohl, dass mit
dem mandeläugigen Wunderkind und dem grimmig im
Bühnenhintergrund wachenden Vater etwas nicht
stimmte. Jedenfalls bezeichnete er die beiden als »merk-
würdiges Phänomen«. Bettina von Arnim ging später
noch einen Schritt weiter und betrachtete es als »eine
Schande«, dass ein junges Mädchen so virtuos auf ihrem

Instrument sei. Es war weniger die sozial engagierte Romantikerin, die da aus ihr sprach, als die besorgte Mutter, die sieben Kinder großgezogen hatte.

Für Clara Wieck gab es mittlerweile allerdings wichtigere Dinge als das Vorspiel bei Goethe. Denn ihr Vater hatte einen neuen Schüler: Robert Schumann. Er war zwanzig Jahre alt, hatte gerade sein Jurastudium hingeworfen und wollte sich jetzt ganz der Musik widmen. Der alte Wieck hielt ihn zwar für weniger begabt als seine Tochter, doch immerhin für gut genug, dass er Mutter Schumann zusagen konnte, ihren Sohn binnen drei Jahren zu einem der besten Pianisten auszubilden – vorausgesetzt, dass er seine »zügellose Phantasie und seinen schwankenden Sinn« bezwinge und regelmäßig zum Unterricht erscheine.

Wahrscheinlich waren es gerade diese vom Vater gebrandmarkten Eigenschaften, die Clara an Robert faszinierten. Jedenfalls himmelte sie ihn an. Doch er betrachtete sie als kleines Mädchen – was sie ja mit ihren elf Jahren auch noch war – und unterhielt sie mit selbsterfundenen Märchen. Erotische Gefühle hegte er für eine andere Schülerin im Hause Wieck: Ernestine von Fricken. Er wollte sie sogar heiraten, nahm dann allerdings Abstand davon, als er erfuhr, dass sie von ihrer Familie nur adoptiert worden war und daher keine Erbansprüche hatte. Dieser plötzliche Sinneswandel klingt natürlich unromantisch, doch man muss Robert zugestehen, dass er nur zu gut wusste, wie wichtig ein Erbe als Rettungsanker sein konnte. Wenn sein Vater ihm nicht seinerzeit ein erkleckliches Vermögen hinterlassen hätte, wäre er wegen seiner unsteten Lebensführung schon längst in der Gosse gelandet. »Es überläuft mich eiskalt, wenn ich denke, was aus mir werden soll«, beschrieb er einmal seine Zukunftsaussichten.

Als Clara sechzehn Jahre alt war, konnte Robert ihren Reizen nicht mehr widerstehen. Sie kamen sich näher. Im November 1835 kam es auf der Treppe im Wieck'schen Haus zum ersten Kuss, von dem sie später schrieb: »Als du mir den ersten Kuss gabst, da glaubt ich mich einer Ohnmacht nahe, vor meinen Augen wurde es schwarz, das Licht, das dir leuchten sollte, hielt ich kaum.« Ihrem Vater freilich sagte sie nichts davon, und sie schrieb auch nichts davon in das von ihm kontrollierte Tagebuch. Denn sie wusste, dass er die Liaison keinesfalls gutheißen würde.

Doch natürlich blieb dem wachsamen alten Wieck nicht verborgen, wie sehr die beiden sich zueinander hingezogen fühlten. Er lehnte die Beziehung kategorisch ab. Er hielt den jungen Schumann für außerstande, seine Tochter angemessen zu versorgen. Diese Befürchtungen waren keinesfalls aus der Luft gegriffen. Robert Schumann hatte sich bei seinen abenteuerlichen Fingerübungen so schwer verletzt, dass er als Pianist keine Karriere mehr machen konnte und sich daher aufs Komponieren beschränken musste. Aber für diese Argumente war Clara taub. Also griff ihr Vater zu konkreteren Methoden, um die Verliebten auseinanderzubringen.

Der erste Schritt bestand darin, seine Tochter noch

mehr als sonst auf Konzertreisen zu schicken. Der zweite darin, ihr keine Tinte zum Briefeschreiben zu geben, so dass sie sich dafür heimlich aus anderen Quellen bedienen musste. In schwer entzifferbarem Gekrakel schrieb sie an Robert: »Nimm mir nur nicht übel, dass ich so fürchterlich schlecht geschrieben, doch stelle dir vor, dass ich stehe und das Blatt auf der Kommode liegt, worauf ich schreibe. Bei jedem Mal eindunken in das Tintenfass lauf ich in die andere Stube.«

Der dritte Schritt war aber wohl der entscheidende. Während der Tourneen unterzog Wieck nämlich seine Tochter einer Hirnwäsche und stellte Robert Schumann in den dunkelsten Farben dar. Als Clara im April 1836 nach Leipzig zurückkam, tat sie, als würde sie ihn nicht mehr kennen. Robert tröstete sich mit literweise bayerischem Bier und entfaltete eine Kreativität, die eine Komposition nach der anderen aus ihm herausschleuderte.

Eigentlich hätte die Liaison damit erledigt sein können. Doch Wieck machte den Fehler, dass er Clara auf immer härtere Tourneen schickte. Am Ende fühlte sie sich nur noch ausgelaugt und unendlich einsam. In ihrer Verzweiflung warf sie sich dem Liederkomponisten Carl Banck an den Hals, mit dem sie bisher lediglich auf musikalischer Ebene zu tun gehabt hatte. Sie schwor, ihn zu lieben und auf der Stelle zu heiraten – und keine Klaviervirtuosin mehr sein zu wollen. Der völlig verdutzte Banck war nicht abgeneigt, aber auch er fand beim Vater keine Gnade: Der Alte schickte den jungen Liedermacher in die Wüste. Mit der Folge, dass Clara sich in ihrem Zimmer einschloss, tobte und schrie, kein Klavier mehr spielte und sich mit der Stiefmutter anlegte. Wieck musste reagieren – und brachte die völlig aufgelöste Tochter auf das Rittergut eines Freundes, wo sie sich erholen sollte. Das war sein nächster schwerer Fehler.

Denn auf dem luxuriösen Anwesen unweit von Dresden kam Clara ins Nachdenken. Außerdem brachen ihre Wirtsleute, ein altgedienter Major und seine Frau, eine Lanze für Robert, den sie zwar für einen Sonderling hielten, aber auch für ein Genie, das seinen Weg machen würde und sicher die bessere Wahl wäre als irgendein mäßig talentierter Liedermacher. Als Clara Wieck im August 1837 nach Leipzig zurückkehrte, spielte sie auf einer Matinee die »Études symphoniques« – eine Komposition von Robert Schumann. Vorher hatte sie ihm noch ein paar einladende Zeilen zukommen lassen …

Robert Schumann war tiefbewegt und beeindruckt, aber auch verunsichert, dass eine Frau derart die Initiative übernahm. Die beiden begannen, sich wieder zu treffen und Briefe zu schreiben. Am 13. September unternahm Robert noch einmal einen Vorstoß bei Vater Wieck und schrieb ihm, dass ihn nicht die Leidenschaft, sondern das »hohe, verehrungswürdige Mädchen« selbst zu seinen Heiratsplänen getrieben hätte. Eigentlich ein kluger Schachzug, um einen eifersüchtigen Vater zu bändigen, doch beim alten Wieck zeigte er keine Wirkung. Dessen Antwort: Clara sei noch zu jung, sie solle erst Karriere machen. Außerdem lege sie mehr Wert aufs Geld, als er, Schumann, es sich ausmalen könnte. Robert war ob dieser Antwort so entsetzt, dass er mit Wahnsinn und Selbstmord drohte. Clara hingegen blieb kühl. Sie wusste, was sie wollte und wie sie es bekommen konnte – und gab sich ihrem Liebsten zum entjungfernden Beischlaf hin.

Trotzdem kokettierte sie auf ihren Tourneen und auch zu Hause durchaus mit anderen Männern. Nicht nur, weil sie vom Mädchen zur Frau erwacht war, sondern auch aus Berechnung. Sie wollte Robert, der in der Tat gerne in Lethargie und Selbstmitleid verfiel, anspornen, »dranzubleiben« und weiterhin ernsthaft an den Heiratsplänen zu arbeiten. Ihre Signale an ihn waren eindeutig: Ich will dich, aber du darfst jetzt nicht untätig werden!

Robert begriff – und ackerte wie noch nie zuvor in seinem Leben. Die Erfolge ließen jedoch auf sich warten. Seine Musik fand nur wenig Anklang, das Publikum verlangte nach Beethoven, Mendelssohn und Chopin, aber eben nicht nach Schumann. Sein Plan, eine Wiener Musikzeitschrift zu gründen, zerschellte an den Zensurbestimmungen der österreichischen Behörden. An der Universität Jena verlieh man ihm zwar die Ehrendoktorwürde, doch dafür konnte er sich auch nichts kaufen.

Immer deutlicher stellte sich heraus, dass er Clara nicht in dem Maße versorgen könnte, wie es ihr Vater erwartete. Und der hatte obendrein die Bedingungen für seine Einwilligung zur Hochzeit in unerreichbare Höhen geschraubt. So forderte er, »dass Ihr, so lange ich lebe und in Sachsen wohnen bleibe, nicht in Sachsen leben wollt«.

Außerdem wollte er den Großteil von Claras Mitgift fünf Jahre lang einbehalten, und von seinem künftigen Schwiegersohn verlangte er, »dass er nie Zuflucht in meinem Haus oder Unterstützung sucht«. An Clara schließlich stellte er die Forderung, »dass Du nie Anspruch machst, von mir Geld erben zu wollen, da mein unbedeutendes Vermögen meine Frau und Kinder erben sollen, deren musikalisches Talent ich nicht ausbilden konnte, weil ich mein ganzes Leben Dir zuwendete«.

Dieser letzte Satz musste Clara wie ein Keulenschlag treffen. Denn nicht sie hatte die bevorzugte Behandlung durch den Vater eingefordert, sondern er hatte sie ihr einfach übergestülpt. Und ihre Geschwister hatte er vor allem deshalb vernachlässigt, weil er sie für unbegabt und seiner Zuwendung nicht wert hielt.

Clara und Robert sahen keine andere Möglichkeit, als ihre Heirat vor Gericht durchzusetzen. Doch Friedrich Wieck beeindruckte diese Ankündigung gar nicht. Im Gegenteil: Er war bereit, bis zum Letzten zu gehen. Zu sehr war er davon überzeugt, seine Tochter vor Robert Schumann schützen zu müssen. In einem Brief bezeichnete er ihren Verlobten als »im höchsten Maße träge, unzuverlässig, unfügsam, trotzig, widerspenstig, eigensinnig, kindisch, unmännlich, mit einem Worte, für das sociale Leben völlig verloren«.

Zum Glück für die angehenden Brautleute benahm sich Wieck vor Gericht so gründlich daneben, dass sich der Prozess schon bald zu ihren Gunsten entwickelte. Seine Einwände gegen Schumann wurden abgewiesen, bis auf einen: dass er nämlich zu viel trinke. Doch auch das reichte nicht aus, um das Blatt zu wenden. Denn Schumann gelang es, Zeugen für seinen bedächtigen Umgang mit Alkohol aufzutreiben, während jene Heerscharen, die genau das Gegenteil hätten bezeugen können, natürlich nicht von ihm erwähnt wurden. Stattdessen verklagte er Wieck wegen Beleidigung und auf Herausgabe der Mitgift. Man kämpfte also mit harten Bandagen.

Am 1. August 1840 schließlich das Urteil: Clara und Robert durften heiraten. Aber die Mitgift gab es erst einmal nicht. Also bezogen die Frischvermählten zunächst eine bescheidene Etagenwohnung, ohne über Claras Kleider, Noten und Möbel zu verfügen: Robert hatte ohnehin nicht viel, was er einbringen konnte. Aber er schenkte seiner Frau zur Hochzeit – ein Tagebuch, das sie gemeinsam führen sollten. Clara fürchtete zunächst, von einem Kerker in den nächsten gekommen zu sein, denn nach dem vom Vater kontrollierten Tagebuch sollte sie sich nun an einem beteiligen, das vom Ehemann gelesen wurde. Doch ihr Gatte dachte dabei nicht etwa an Kontrolle. Ihr gemeinsames Tagebuch sollte vielmehr dazu dienen, Nachrichten und Bitten aufzuschreiben, die sich durch das gesprochene Wort nicht wiedergeben ließen. Es wurde daher schon bald von Clara eifrig dazu genutzt, dem Ehemann unverblümt ihre Sicht der Dinge mitzuteilen. Sie dürfte dadurch viele seiner Entscheidungen stark beeinflusst haben.

Das Paar bekam acht Kinder. Die finanzielle Situation besserte sich jedoch nicht, Robert war einfach nicht der forsche Zupacker, der eine Familie ernähren konnte. Um über die Runden zu kommen, musste Clara weiterhin Klavierkonzerte geben, genau so, wie es der Vater befürchtet hatte. Fiedrich Wieck verzichtete jedoch darauf, Spott und Häme über seinen Schwiegersohn auszuschütten. Im Frühjahr 1843 bekam er Besuch von seiner Tochter, die sich beklagte, dass Robert einfach nicht richtig auf die Füße käme. Doch ihr Vater bestärkte sie nicht etwa in ihren Klagen, sondern zeigte sich verständnisvoll. Er verteidigte sogar seinen Schwiegersohn – und lobte dessen Kompositionen in den höchsten Tönen. Dann bestellte er über dreißig Gäste zu sich ins Haus, denen Clara die neuen Werke ihres Mannes vorspielen sollte.

Man kann sich leicht vorstellen, wie erstaunt Clara über den Sinneswandel ihres Vaters war. Aber sie stellte jetzt keine Fragen mehr. Denn endlich hatte sie das Gefühl, dass sie beide Männer lieben durfte.

## Friedrich Nietzsche: »Alles am Weibe ist ein Rätsel«

Es war der 14. Januar 1889. Mit Friedrich Nietzsche ging es unaufhaltsam bergab. Der Philosoph des »Übermenschen« war nur noch ein hilfloser Pflegefall. Sein Benehmen war äußerst widersprüchlich: Mal war er ein unkontrolliert zuckendes Etwas, dann wieder ein lethargisch dasitzender Fremdling, der entweder unverständliche Dinge johlte oder aber, wie es ein erschütterter Freund der

Familie beobachtete, »seine Hände betrachtete, wie als ob er sich wundere, dass sie noch zu ihm gehören«.

Einige Tage zuvor war Nietzsche in Turin körperlich und psychisch zusammengebrochen. Er hatte nackt in seinem Hotelzimmer getanzt und die Wirtsleute aufgefordert, alle Bilder von den Wänden zu nehmen, damit das Zimmer einem Tempel ähnlicher sei. Mit seinen wilden, nächtlichen Rasereien am Klavier hatte er die anderen Gäste in Rage gebracht und tagsüber Monologe gehalten, warum er der Nachfolger des »toten Gottes« sei.

Jetzt saß er hier in der Basler Nervenklinik Friedmatt, und der ihn betreuende Arzt, Professor Ludwig Wille, hatte Besuch: von einer kleinen Frau, an der die unterschiedlich großen Augäpfel eigentlich noch das Auffälligste waren. Sie wirkte auf den ersten Blick eher ängstlich und schüchtern. Doch dieser Eindruck täuschte. Denn Franziska Nietzsche wusste resolut zu vermitteln, dass sie ihren Sohn unter keinen Umständen mit den Ärzten teilen würde. Die herkömmliche Medizin war ihr schon immer suspekt gewesen, die Krankheiten und Wehwehchen der Familie hatte sie stets eigenhändig mit Wickeln und anderen Hausmitteln behandelt. Dass sie damit jetzt bei ihrem Sohn auch nichts mehr ausrichten konnte, wusste sie zwar. Doch ihn einfach bei den Ärzten hinter irgendwelchen Anstaltsmauern versauern zu lassen – das kam für sie nicht in Frage.

Der Professor versuchte der Frau klarzumachen, dass ihr Sohn eine Gehirnerweichung habe und unbedingt die Pflege in einer Klinik benötige. Doch Mutter Nietzsche wusste es besser: Dieses »schreibwütige Kind« habe zu viele Bücher verfasst und dabei seinen Geist erschöpft, außerdem sei es zu oft allein mit seinen »kummervollen Gedanken« gewesen. Sie habe schon immer geahnt, dass eines Tages der Zusammenbruch kommen würde. Jetzt gebe es eben nur eine Therapie: die Heimkehr nach Naumburg, viel Ruhe, gelegentliche Spaziergänge und die gewohnte Kost aus Mutters Topf.

Der Mediziner betonte noch einmal, dass mit einer solchen simplen »Therapie« nichts auszurichten sei und eine Separierung des Kranken unbedingt nottue – und erntete das Kopfschütteln einer Frau, die von ihrer Meinung durch nichts und niemanden abzubringen war. Immerhin aber erreichte er einen Kompromiss: Friedrich würde nach Jena in die Binswangersche Irrenanstalt gehen, und Franziska durfte ihn begleiten. Danach notierte er in Friedrichs Krankenakte, dass die Mutter auf ihn »einen beschränkten Eindruck« gemacht habe.

Auf der Eisenbahnfahrt nach Jena kam es zu einer furchtbaren Szene, in der Friedrich Nietzsche wie von Sinnen auf seine Mutter einschlug. Sie war gezwungen, das Abteil zu wechseln. Bis heute weiß niemand, was ihn dermaßen erregt hatte. Fest steht aber, dass Friedrich nicht lange in der Jenaer Anstalt blieb – Mutter Nietzsche gelang es, ihren Sohn schon wenig später zu sich nach Naumburg zu holen. In Jena hinterließ sie einen ähnlichen Eindruck wie in Basel. Die Ärzte notierten in Nietzsches Krankenakte: »Mutter lebt, wenig begabt.«

Sie lagen bei dieser Einschätzung jedoch genauso weit

daneben wie ihr Kollege aus der Schweiz. Denn Franziska Nietzsche war zwar nicht gerade gebildet, aber keineswegs beschränkt oder, wie in anderen Beschreibungen nachzulesen ist, »kalt, dumm und uninteressiert«. Sie war vor allem eines: nämlich Mutter. Und das war sie so sehr, dass ihr Sohn daran zugrunde ging.

Friedrich Nietzsche wurde am 15. Oktober 1844 im sächsischen Röcken geboren. Sein Vater Karl Ludwig war ein evangelischer Pfarrer, dem seine Ausbilder seinerzeit einen »frommen, ernsten und bescheidenen Sinn« attestiert hatten. Als glühender Anhänger der preußischen Glorie taufte er seinen Sohn auf den Namen des aktuellen Königs: Friedrich Wilhelm. Für eine Weile hatte er sogar als Lehrer am preußischen Hof gearbeitet und aus dieser Zeit eine Vorliebe für edle Kleidung, gestelzte Ausdrucksweisen und gute Manieren bewahrt. Friedrich übernahm diese Vorlieben, doch viel mehr konnte er von seinem Vater nicht lernen. Denn Karl Ludwig Nietzsche starb, als sein Sohn gerade mal vier Jahre alt war, in einer Zeit also, in der normalerweise die Rolle des Vaters immer wichtiger wird. Nietzsche sprach später davon, dass ihm in diesem Moment die »Hilfe und Leitung für ein späteres Leben« entzogen wurden.

Die nunmehr vaterlose Familie zog nach Naumburg, wo der kleine und schmächtige Friedrich in einem Mehr-Generationen-Haushalt zwischen Frauen aufwuchs. Sein Wohlergehen lag in den Händen von Mutter, Großmutter, zwei Tanten und der »guten Mine«, der Haushaltshilfe. Von seinen jüngeren Geschwistern starb der Bruder schon als Säugling, so dass ihm auch hier nur seine Schwester blieb. Hinzu kam, dass Mutter Franziska gerade mal achtzehn Jahre älter war als ihr Sohn – und dies hatte verheerende Auswirkungen auf seine Erziehung. Denn sie wollte den anderen Frauen beweisen, dass sie trotz ihrer Jugend eine perfekte Mutter war. Diese wiederum kümmerten sich ebenfalls intensiv um Friedrich, weil sie Franziska tatsächlich nur eine begrenzte Eignung als Mutter zutrauten.

Der junge Friedrich bekam also fortwährend eine doppelte Ladung erzieherischer Weiblichkeit zu spüren, die zudem aus mehreren Generationen gespeist wurde. Freiräume gab es kaum, ständig schwebten behütende Frauenkrallen über seinem Haupt. Nietzsche beschrieb dies später als »Übelstand« und beklagte, dass er in seiner Kindheit und Jugend »von keinem männlichen Auge beaufsichtigt wurde«. In seinem autobiographischen Buch *Ecce homo* stellte er desillusioniert fest: »Ich bin, um es in Rätselform auszudrücken, als mein Vater bereits gestorben, als meine Mutter lebe ich noch und werde alt.«

Unter dem weiblichen Regiment entwickelte sich Friedrich zum hochbegabten Sonderling. Seine Mutter brachte ihm früh Lesen und Schreiben bei, so dass er sich, als er mit sechs Jahren auf eine Knabenschule in Naumburg geschickt wurde, aufs Tödlichste langweilte. Während seine Schulkameraden sich durchs Alphabet quälten, konnte er bereits Gedichte verfassen und die großen Klassiker auf dem Klavier spielen. Auf dieser Grundlage fand er natürlich keine Freunde, die Mitschüler verspotteten ihn als »kleinen Pastor«. Schon jetzt umgab ihn eine Aura der ebenso verletzlichen wie gefährlichen Andersartigkeit, die ihn sein ganzes Leben lang von den anderen isolieren sollte.

Aus der Umgebung der Nietzsche-Familie erhoben sich Stimmen, die dazu rieten, den Sohn mehr loszulassen und ihn nicht mit überfürsorglicher Mütterlichkeit zu erdrücken. So warnte ein Lehrer des Ortes: »Kinder müssen unter Kinder.« Doch Franziska und ihre Frauenbande ließen nicht los. Sie bauten sogar den verstorbenen Vater als Drohgestalt auf, dessen Ansehen Friedrich angeblich besudeln würde, falls er sich nicht tugendhaft verhielte. Ein Mal, ein einziges Mal, kamen Franziska leise Zweifel an ihrem Erziehungsstil. Sie offenbarte ihrem Vater, dass Friedrich so anders sei als die anderen Kinder. Doch der alte Pastor konterte nur: »Meine sechs Söhne zusammengenommen haben nicht die Begabung deines Fritz. Lass ihn doch in seiner Eigenart.« Und damit waren Franziskas Zweifel ein für alle Mal ausgeräumt.

Mutter Nietzsche strickte für ihren Sohn ein Netz aus Vorschriften und Regeln, bis hin zur Kleiderordnung und einem exakten Verhaltenskodex. In einem Brief aus dem Jahre 1857 schrieb sie an den immerhin schon Dreizehnjährigen:

»Nimm hübsch den Regenschirm mit, wenn es regnet, und solltest du je einmal nass geworden sein, so ziehe Dich gleich um … Für täglich ziehst Du Deine alte Jacke und leichten Hosen nebst Weste an, ist es sehr kühl, die dickeren grauen Hosen und Sonntags die guten nebst Kutte … Schließe täglich die Stube ab, wenn Du in die Schule gehst … Nimm das Blatt mit Dir und lege es in Dein Pult und lies es von Zeit zu Zeit einmal … es sind Verhaltensregeln.«

Da wird nicht etwa behutsam argumentiert, nach dem Muster »Du könntest ja …«, sondern kategorisch festgeschrieben und befohlen. Wobei Franziska Nietzsche ihren Sohn keinesfalls im Sinne des preußischen Drills erniedrigen wollte. Vielmehr traute sie ihm einfach nicht zu, ein eigenes Leben führen zu können, und versuchte deshalb, jedes Detail seines Lebens in ihre Hände zu nehmen. Am Ende sollte er tatsächlich lebensuntüchtig werden – und gerade die übertriebene Fürsorge seiner Mutter forcierte dies.

Franziska verstand ihre aufopfernde Liebe, aber auch ihre Strenge gegenüber Friedrich als Auftrag ihres verstorbenen Gatten. Körperliche Nähe ließ sie nicht zu, mütterliche Zärtlichkeiten gab es nicht. Dafür versuchte sie, ihren Fritz vor sämtlichen Widerwärtigkeiten zu beschützen und ihn auf einen Pfad des Lebens zu bringen, der im Sinne des Vaters gewesen wäre.

Der solchermaßen Umhegte reagierte mit Flucht – und wurde zum Heimatlosen. Erst studierte Friedrich Nietzsche in Bonn, dann in Leipzig und landete schließlich 1869 als außerordentlicher Professor für Philologie in Basel. Dort gab Nietzsche auf eigenen Wunsch die preußische Staatsbürgerschaft auf, um dann doch wieder als Sanitäter für Preußen gegen Frankreich in den

Krieg zu ziehen. Später wechselte er immer wieder seine Domizile: Im Sommer weilte er vor allem im Schweizer Bergort Sils Maria, im Winter ging es runter ins Warme, nach Genua, Rapallo, Turin und Nizza.

Den Kontakt mit seiner Mutter konnte er durch sein Weltbürgertum auf Briefwechsel reduzieren, in denen die beiden sich anredeten wie ein altes Ehepaar: »Mein altes Geschöpf«, »Dein altes Geschöpf« – so ging es hin und her. Eine offene Auflehnung gegen die Mutter gab es hingegen nicht, denn das wäre ja auch eine Revolte gegen den Vater gewesen, der von Friedrich immer mehr romantisiert und verherrlicht wurde.

Stattdessen wählte der Philosoph die schriftstellerische Abrechnung mit dem Weib an sich – und verfasste Sprüche, mit denen man noch heute als großbürgerlicher »Frauenkenner« brillieren kann: »Wo nicht Liebe oder Hass mitspielt, spielt das Weib mittelmäßig«, »Das Weib raubt nicht, es stiehlt«, »Alles am Weibe ist ein Rätsel, und alles am Weibe hat *eine* Lösung: sie heißt Schwangerschaft.« Das Peitschen-Zitat aus seinem Hauptwerk *Also sprach Zarathustra* hat geradezu Kultstatus erreicht: »Du gehst zu Frauen? Vergiss die Peitsche nicht!«

Zur Mutterliebe schrieb Nietzsche: »Die Weibchen haben an den Kindern Befriedigung ihrer Herrschsucht, ein Eigentum, eine Beschäftigung, etwas ihnen ganz Verständliches, mit dem man schwätzen kann. Dies alles zusammen ist Mutterliebe – sie ist mit der Liebe des Künstlers zu seinem Werke zu vergleichen.« Man spürt deutlich, wie er hier eigene Erfahrungen verarbeitete.

Nietzsche, der zum Gestaltungsobjekt degradierte Muttersohn, entwickelte sich zunehmend zur ambivalenten, geradezu schizoiden Persönlichkeit. Im direkten Umgang mit den Menschen blieb er bis ins Erwachsenenalter das brave, angepasste und fortwährend kränkelnde Kind, doch in seinen philosophischen Schriften wurde er zum radikalen Nihilisten und Wertevernichter. Die bürgerliche Ethik enttarnte er als »Sklavenmoral« der »Zu-schlecht-Weggekommenen«, die sich in ihrer feigen Mittelmäßigkeit wenigstens damit trösten wollen, den Guten anzugehören. Gott und Religion wurden als abflutende Gewässer dargestellt, die nur noch »Sümpfe und Weiher« zurücklassen. Vernunft und Verstand wurden als »gefährliche, lebensuntergrabende Gewalt« abgekanzelt, die den Menschen von sich selbst entfremden würden. All das, was Franziska lieb und teuer war, fand in den Werken ihres Sohnes keine Gnade. Nicht wenige der revolutionären Gedanken und Theorien Nietzsches speisten sich aus seinem verzweifelten Kampf, zumindest innerlich von seiner Mutter loszukommen.

Eine neue Frau anstelle seiner Mutter fand er nicht. Die weiblichen Geschöpfe in seiner Umgebung schätzten ihn zwar als intelligenten und spannenden Plauderer und hatten auch Mitleid mit ihm, weil er ständig kränkelte (Nietzsche litt vor allem unter extremer Kurzsichtigkeit und schlimmen Kopfwehattacken) und insgesamt lebensuntüchtig wirkte. Doch zu sexuellen Annäherungen kam es nie. Als ihn Studienkollegen in ein Kölner Bordell mitschleiften, setzte er sich eingeschüchtert ans Klavier, um den anwesenden Damen etwas vor-zuspielen. Später versuchte seine Gönnerin Malwida von Meysenbug, eine heiratswillige Frau für ihn zu fin-den, doch diese Pläne erstickten meistens schon im Keim.

Auch Nietzsches Verhältnis zur Schriftstellerin Lou Andreas-Salomé verharrte auf rein intellektueller Ebene, obwohl er sich weitaus mehr erhoffte. Seinen Heiratsantrag lehnte sie ab und begründete das später mit »ihrem total entriegelten Freiheitsdrang«. Stattdes-sen schlug sie vor, zusammen mit ihrem gemeinsamen Freund Paul Ree eine »ménage à trois« im Sinne einer wissenschaftlichen Arbeitsgemeinschaft zu gründen. Nietzsche war begeistert, denn er hoffte, dass sich da-durch zwischen Lou und ihm doch noch mehr entwi-ckeln könnte. Aber daraus wurde nichts. Nietzsche wurde vielmehr von heftiger Eifersucht geplagt, die schließlich dazu führte, dass Lou jeglichen Kontakt zu ihm abbrach.

Nietzsche brauchte lange, um darüber hinwegzu-kommen: »An jedem Morgen verzweifle ich, wie ich den Tag überdaure … Heute Abend werde ich so viel Opium nehmen, dass ich die Vernunft verliere. Wo ist noch ein Mensch, den man verehren könnte!« Nietzsche blieb nicht nur zeit seines Lebens ohne Sex und Lebenspart-ner – das Schicksal hatte sogar für ihn vorgesehen, dass er wieder in die Arme seiner Mutter zurückkehren sollte.

Zehn Jahre, nachdem er als Fünfundzwanzigjähriger in Basel zum Philologie-Professor geworden war und seine Familie mit Stolz erfüllt hatte (auch wenn man ihn natürlich noch lieber als Pastoren gesehen hätte), saß Friedrich Nietzsche wieder bei seiner Mutter am Essenstisch. Körperlich und psychisch mehr als angeschlagen, ein Frühpensionär und Verlierer. Die Professur war nicht etwa die erste Stufe zu einer steilen akademischen Karriere gewesen, sondern der Beginn einer langen Leidenszeit. Friedrich war dem Leben – weder dem akademischen noch dem alltäglichen – einfach nicht gewachsen. Sein Gesundheitszustand wurde immer schlechter, und sein hyperaktiver Geist in Verbindung mit seiner extremen Sensibilität war nicht geschaffen für das intellektuelle Schaulaufen an einer Universität. Er hatte seine Entlassung eingereicht, und die Hochschule zahlte ihm fortan eine bescheidene Pension. Er war jetzt bei Mutter Franziska in Naumburg, um »möglichste Ruhe zu finden vor meinem beständigen inneren Arbeiten«. Man mietete ihm eine kleine Bleibe, »ganz im Grünen gelegen, umgeben von hübschen Bäumen und Aussicht auf die Promenade«.

Doch Nietzsche fand weder Erholung noch geistige Ruhe, so dass er bereits fünf Monate später nach Venedig abreiste. Die Mutter hatte zwar eindringlich versucht, ihn zum Bleiben zu überreden, doch noch hatte ihr Sohn Kraft genug für seine Fluchtversuche.

Der Philosoph vagabundierte als freischaffender, aber erfolgloser Autor durch Europa, während Franziska Nietzsche sich zu Hause den Spott über ihren Versager-Sohn anhören musste. Gebeutelt von seiner unglückseligen Affäre mit Lou kam er 1882 für einen Besuch nach Naumburg, um sich von seiner Mutter Trost zu holen. Doch von der gab es nur Vorwürfe und die Ankündigung, dass Lou niemals die Schwelle ihres Hauses übertreten würde. Außerdem nannte sie Friedrich eine Schande für das Grab seines Vaters. Ihr Sohn machte daraufhin das, was er immer tat, wenn es schlimm für ihn wurde: Er floh.

Später plagte die Mutter das schlechte Gewissen ob ihres Auftritts, doch echte Einsicht wollte sich bei ihr nicht einstellen: »Ich kann dem lieben Kinde kein böses Wort sagen, einmal habe ich es getan, weil ich es für meine Mutterpflicht hielt, ich habe es ihm aber zwanzigfach wieder abgebeten, denn er ist ein guter Mensch und nur krank.« Ihr Sohn wäre aus freien Stücken nicht zu ihr zurückgekehrt, doch die Natur spülte ihn seiner Mutter wieder in die Arme.

Anfang 1889 erlebte Nietzsche seinen finalen Zusammenbruch. Er landete in der Basler Klinik Friedmatt, wo man über den Kranken notierte: »Patient geht im Garten spazieren, singt, johlt und schreit daselbst; zieht sich manchmal Rock und Weste aus, legt sich auf die Erde.« Danach ging es weiter nach Jena in eine Irrenanstalt und schließlich nach Naumburg zu seiner Mutter. Sie pflegte ihn aufopferungsvoll, es schien ihr nichts auszumachen – im Gegenteil. Ein Freund des Hauses bemerkte: »Bewundernswürdig bleibt die Ausdauer der alten Frau Pastor; das Wissen um die Nutzlosigkeit ihrer Bemühungen hat noch keinen Augenblick abschwächend auf ihren Eifer gewirkt.« Der Biograph Friedrich Würzbach notierte: »Sie erlebte mit ihrem Sohn fast eine zweite Kindheit, freute sich, als er wieder seinen Namen schreiben konnte, sich ruhiger verhielt und richtige Antworten gab.« Jetzt, wo das Andenken des Vaters verblasst war und auch die anderen Frauen im Hause Nietzsche schon lange tot oder ausgezogen waren und sie nicht mehr beobachteten, konnte Franziska Nietzsche sogar zärtlich sein. Ihren Fritz empfand sie als »lieben Patienten, der nicht die geringste Angst einflößt, den man immer liebkosen möchte, was auch reichlich geschieht und ihm wohlzutun scheint«. Am Ende erfuhr Nietzsche also doch noch jene mütterliche Zuwendung, die er in seiner Kindheit so schmerzlich vermisst hatte. Es war spät, viel zu spät. Aber als Philosoph hatte er ja schon beklagt: »Wenn man sich sein Haus fertig gebaut hat, merkt man, unversehens etwas dabei gelernt zu haben, das man schlechterdings hätte wissen müssen, bevor man zu bauen – anfing. Das ewige leidige ›Zu spät!‹ – Die Melancholie alles Fertigen!«

## Kurt Tucholsky: Die Leiden des Kaspar Hauser

Es war Pfingstmontag, der 26. Mai 1828, als auf dem Nürnberger Unschlittplatz wie aus dem Nichts ein eigentümlicher Junge auftauchte. Er trug einen alten grauen Frack, dessen Rockschöße abgeschnitten und auf das Hinterteil der ebenfalls grauen Hose aufgenäht waren, dazu kurze Stiefel und einen Herrenhut auf dem Kopf. Noch eigentümlicher als sein Aussehen war aber sein Verhalten. Der Junge blickte stur auf den Boden und hielt einen Brief in der Hand. Als er auf zwei miteinander plaudernde Schuhmacher stieß, sprach er sie an: »He Bue!« Die beiden Männer waren zunächst irritiert, doch dann versuchten sie herauszufinden, was der etwa sechzehnjährige Bursche eigentlich von ihnen wollte. Doch schon bald mussten sie feststellen, dass er alles nachplapperte, was sie sagten. Und wenn er nicht nachplapperte, leierte er im altbayerischen Dialekt herunter: »A söchtener Reuter möcht i wern, wie mein Voater gwen is – Ein Reiter will ich werden, wie mein Vater einer war.« Einer der Schuhmacher ging kopfschüttelnd nach Hause, der andere jedoch brachte den grauen He-Bue-Papagei zur nächsten Wache, wo er dann auch gleich seinen Brief vorlegte. Es war der Beginn einer der fruchtbarsten Legenden, die die deutsche Literaturgeschichte kennt.

Als man den Jungen bat, seinen Namen aufzuschreiben, kritzelte er: Kaspar Hauser. Und in dem Brief stand, dass er als Baby von einem alten Tagelöhner gefunden worden sei, der den Burschen aufgezogen, ihn aber seit 1812 nicht mehr vor die Tür gelassen habe. Kaspar Hauser war also ein Findelkind, das ohne Eltern fast sein komplettes Leben eingesperrt verbracht hatte und schließlich völlig unbedarft in die Welt entlassen wurde.

Ansonsten war jedoch nicht viel über ihn zu erfahren:

Der Bursche hatte zu große sprachliche Lücken, als dass er erschöpfend hätte Auskunft geben können. Aber trotz oder gerade wegen dieser Defizite durfte er sich später in den feinsten Kreisen aufhalten. Denn Kaspar, der »Halbwilde aus den Wäldern«, wurde zur Attraktion, die jeder sehen und mit der jeder sprechen wollte. Er starb am 17. Dezember 1833 an einem Messerstich. Bis heute ist unklar, wer ihm die Verletzung beibrachte – möglicherweise war er es sogar selber, und möglicherweise geschah es sogar ohne Absicht.

Kaspar Hauser bewegte die literarischen Phantasien. Jakob Wassermann schrieb sein weltbekanntes *Caspar Hauser oder Die Trägheit des Herzens*, Georg Trakl verewigte ihn im *Kaspar Hauser Lied*, und Peter Handke verwendete ihn als Vorlage zu seinem existenzialistischen Sprechstück *Kaspar*. Noch viele andere Autoren, Dichter und Komponisten ließen sich von dem Jungen inspirieren, und einer von ihnen gab seinem wichtigsten Pseudonym sogar Kaspar Hausers Namen: Kurt Tucholsky. Er tat es, weil er sich mit dem Nürnberger Findelkind identifizierte. Denn auch ihn, den Berliner, hatte man in der Schule für einen Trottel gehalten, unfähig, auch nur einen brauchbaren Satz zu schreiben. Und er hatte sich in seiner Kindheit durchaus auch wie ein elternloser Häfting gefühlt.

»Geboren am 9. Januar 1890 zu Berlin mit ungeheuren Nasenlöchern. Seine Tante Berta umsteht seine Wiege und hat es gleich gesagt.« So spottete Kurt Tucholsky über seine eigene Geburt. Aber das klingt noch milde gegenüber den Worten, die er für die Zeit danach fand. So beklagte er sich in Briefen, ohne Kindheit großgeworden zu sein, und dass er in dem gluckenhaften und gleichzeitig emotional verarmten Klima der jüdischen Bourgeois-Familie zu ersticken drohte. In seinem Essay *Die Lebensgeschichte eines Rebellen* schrieb er: »Die Familie umschließt ihn wie ein Käfig. Diese Brutwärme der Liebe, die das gehegte Wesen zu Tode drückt, aber keineswegs gestatten will, dass es in der Freiheit aufblüht, dieser Backofen des Egoismus mit dem falschen Vorzeichen.« So spricht niemand, der glücklich aufgewachsen ist. Sondern jemand, der als Kind am liebsten die ganze Zeit geschrien hätte, wenn ihm nur genug Luft dafür geblieben wäre.

Vater Alex Tucholsky war ein typischer Emporkömmling der aufblühenden Industriegesellschaft. Er arbeitete als Direktor einer Bank, die ihr Geld unter anderem mit dem Rüstungswahn des wilhelminischen Deutschland verdiente. Als Sohn einer traditionsreichen Kaufmannsfamilie war er diszipliniert, weltgewandt und clever, konnte Klavier spielen und war auch politisch aktiv. Ein perfekter gesellschaftlicher Aufsteiger, der dazu auch die passende Frau an seiner Seite hatte: Doris. Sie war amüsant, freundlich, belesen und verstand es zu repräsentieren. Ihr Regiment im Haushalt war ganz und gar auf Ordnung bedacht: Nirgendwo Staubflusen, nirgendwo ein Kissen an der falschen Stelle, überall blinkte und blitzte es, als wenn Doris den Betrachter blenden wollte. Ihr

Sohn Kurt stellte resigniert fest: »Sie machte die Wohnung rein und sich schmutzig. Sie führte Krieg mit den Polstern.«

Ihren ausgeprägten Sinn für Ordnung und Kontrolle lebte Doris Tucholsky aber nicht nur im Haushalt, sondern auch an ihren Kindern aus. Und hier zeigte sie ihr zweites Gesicht neben der freundlich-kultivierten Direktorengattin. Alle drei Kinder – Kurt hatte noch einen Bruder und eine Schwester – erzählten, dass sie nach außen den schönen Schein der Familienidylle aufrechterhielt, während sie zu Hause ein »Dämon« war, eine herrschsüchtige Tyrannin.

Es war immer laut bei den Tucholskys: Die Mutter kommandierte entweder im barschen Befehlston oder brach in hysterisches Gekreische aus, um ihre Kinder zur Räson zu bringen. Als Kurts Schwester Ellen später zum ersten Mal heimlich mit ihrem Freund Milo ausfuhr, wunderte sie sich. Es war ihr völlig neu, mit einem Menschen zusammen zu sein und »trotzdem ist kein Gebrüll um einen. Und man braucht nicht zu zanken und wieder zu schreien. Es ist eigenartig.« Aber Doris Tucholsky verstand sich nicht nur auf Gebrüll und Befehlston, sondern auch auf psychologische Kriegsführung: Während eines Urlaubs in Paris drohte sie damit, sich aus dem Fenster zu stürzen, wenn ihre Kinder nicht artig wären.

Die ersten literarischen Gehversuche des kleinen Kurt verspottete seine Mutter als »tapsig«, was ihren ohnehin nicht gerade selbstbewussten Sohn stark verunsicherte. Man muss rätseln, welchen Grund sie für ihren intellektuellen Hochmut hatte, denn Zeilen wie »Am Abend, am Abend in dunkler Nacht/Vernehm ich im Wald eine blutige Schlacht« sind für einen Knaben im Grundschulalter ziemlich beachtlich. Sah die Mutter in Kurt, dem ältesten der Kinder, eine Kopie ihres Mannes, der ab 1899 syphiliskrank dahinsiechte und dem sie mit immer größerer Verachtung begegnete? Dagegen spricht allerdings, dass sie nicht nur Kurt niedermachte, sondern auch seine Geschwister. Ellen schrieb später, dass die Kinder für die Mutter »ein Nichts« gewesen seien und alles, was sie taten, von ihr benörgelt oder verspottet worden sei. Und resigniert fügte sie hinzu: »Ich glaube, ›Liebe‹ hatte unsere Mutter für niemanden, ein Gefühl, mit dem sie nicht bei Geburt beschenkt war.«

Später, als Schriftsteller, rechnete Kurt mit seiner Mutter ab. Allerdings nicht direkt, sondern über die literarische Hintertür. In einem Essay zu August Strindberg entwarf er das Bild eines durchtriebenen Weibes, das ebenso besessen wie verlogen die Zügel der Macht in ihren Händen hält – es war niemand anderes als seine Mutter: »Sie hatte geherrscht, fünfzehn Jahre, zwanzig, vielleicht länger, und es waren bittere Jahre gewesen … Und es war nicht das Mogeln, die Nachlässigkeit in der Erziehung und der Geiz – es war nicht das. Es war die unbändige Herrschsucht der Familienglucke, die auf Küken und Hahn gleichmäßig hackte. Früher hatte die Geliebte dem Mann die Augen zugeküsst, so dass er nicht mehr zu sehen vermochte – nun errichtete sie die heiligen Schranken der heimatlichen Hütte, worin sie regierte. Hier war ihr Reich; und der weite Horizont war verbaut. Hier herrschte sie, herrschte mit allen Mitteln. Mit Gewalt, mit Schlägen, mit Lügen ...«

Bleibt die Frage, was Doris Tucholsky dazu trieb, ihre Familie in derart tyrannischer Weise unter ihr Zepter zu stellen. Die Antwort ist kurz: Es war ein Rachefeldzug. Die Frau fühlte sich zeit ihres erwachsenen Lebens am falschen Platz und glaubte, eigentlich ganz woanders hinzugehören als an die Seite ihres Mannes und ihrer Kinder – und dafür mussten diese büßen. Immer wieder klagte sie: »Ich könnte wie ein Gott in Frankreich leben, hätte ich nicht die verfluchten Blagen.« Und sie sprach dies nicht etwa im Stillen, sondern so, dass ihre Kinder es hören konnten. Eine Mutter also, die ihren Kindern deutlich zu verstehen gab, dass sie unerwünscht waren.

Ihr Zorn auf die Kinder und die Unzufriedenheit mit dem Leben lagen sicherlich auch darin begründet, dass Doris und Alex nicht aus Liebe geheiratet hatten. Wir wissen zwar nicht genau, unter welchen Umständen es letzten Endes zur Hochzeit gekommen war, aber vermutlich hatten die Familien der beiden etwas vereinbart, denn Doris stand in einem verwandtschaftlichen Verhältnis zu Alex: Sie war seine Cousine. Solche ehelichen Arrangements waren in jüdischen Kaufmannsfamilien durchaus üblich, um das Vermögen in den eigenen Reihen zu halten.

Doris Tucholsky lebte also mit einem Mann zusammen, den sie nicht liebte. Und ihre Antipathie verstärkte sich noch, als sich herausstellte, dass er an Syphilis litt.

1897 schrieb der kleine Kurt in einem Kindervers: »Papa krank … Ich gehe wegen Krankheit schon auf Spitzen leis und sacht …« 1899 trat die Krankheit in ihr finales Stadium: Alex konnte sich nur noch mit schmerzstillenden Spritzen und einem Korsett aufrecht halten, musste immer häufiger zur Kur. Seine Frau empfand nicht etwa Mitleid, sondern Ekel. Denn Syphilis galt als »Lustseuche«, sozusagen als eine verdiente Strafe für Hurerei und Ehebruch. Und mit diesem Mann war Doris nicht nur verheiratet, sie hatte auch drei Kinder von ihm! Ihr Hass auf die Familie erscheint vor diesem Hintergrund zumindest nachvollziehbar.

Alex Tucholsky starb am 1. November 1905. Kurt war zu diesem Zeitpunkt fünfzehn Jahre alt. Er hat den Verlust des verehrten und geliebten Vaters nie überwunden, blieb zeit seines Lebens auf der Suche nach einem Vaterersatz – und auf der Suche nach einem Mutterersatz. Denn mit dem Vater starb auch endgültig sein Verhältnis zu Doris – sie wurde für ihn zum bedeutungslosen Neutrum: »Aber *das* wird alt. Und mein Vater ist mit fünfzig gestorben.« Kurt Tucholsky war nun Kaspar Hauser: ein einsamer Junge ohne Elternhaus, der darauf wartete, dass ihm irgendjemand oder irgendetwas eine Orientierung in seinem Leben verschaffte.

Die Schule konnte ihm dabei nicht helfen, denn das sture Programm aus Paukerei und Strafen dort war auch nicht besser als das, was seine Mutter ihm zu Hause bot. Seine Leistungen im Unterricht ließen nach, und paradoxerweise waren es gerade die Deutsch-Aufsätze, die dem Jungen, der zu einem der wirklichen Meister der deutschen Sprache werden sollte, ein »mangelhaft« einbrachten. 1907 blieb er schließlich sitzen. Seine Mutter nahm ihn von der Schule und schickte ihn zu einem Privatlehrer, mit dem er sich sofort gut verstand. Und so schaffte er 1909, als »Externer«, doch noch das Abitur.

Kurt immatrikulierte sich für ein Jura-Studium in Berlin, doch zu einer Karriere als Anwalt sollte es, obwohl er 1915 in Jena sogar als Dr. jur. abschloss, nicht kommen. Denn das Schreibfieber hatte ihn gepackt. Schon in der Schule hatte er mit einem satirischen Artikel zu Kaiser Wilhelm brilliert; jetzt drängte es ihn immer stärker, sich als Autor zu betätigen. Das ironische Verspotten von Autoritäten blieb dabei sein Markenzeichen, auch als sich das Nazi-Regime erhob. 1933 setzte man seinen Namen auf die Ausbürgerungsliste, seine Bücher wurden verbrannt – und man hätte Ähnliches wohl auch gerne mit ihm persönlich gemacht, doch zu dieser Zeit lebte der Schriftsteller bereits in Schweden.

Tucholskys erste selbständige Veröffentlichung war allerdings keine Satire, sondern eine erfrischende Erzählung: *Rheinsberg – ein Bilderbuch für Verliebte* von 1912. Um den Verkauf zu fördern, eröffnete er auf dem Kurfürstendamm eine Bücherbar, wo er jedem, der das Buch kaufte, auch noch einen Schnaps einschenkte. Der Erfolg war mäßig. Doch ein Jahr darauf lernte er Siegfried Jacobsohn kennen, den Herausgeber der *Schaubühne*, einer Theaterzeitschrift. Sie öffnete sich wenig später für politische Themen und wurde folgerichtig in

*Die Weltbühne* umbenannt, wobei sie eindeutig auf linksliberaler Welle funkte. Tucholsky wurde zu ihrem fleißigsten Autor. Er schrieb so emsig, dass er sich mehrere Pseudonyme zulegen musste, um das Blatt nicht zu »Tucholsky-lastig« zu machen: Ignaz Wrobel, Theobald Tiger, Peter Panter – und natürlich Kaspar Hauser. Jacobsohn wurde zum wichtigstem Mentor und Freund des Schriftstellers. »Der kleine Mann«, so nannte ihn Tucholsky, habe ihn erst zu dem gemacht, was er später geworden sei. Er hatte seinen Ersatzvater gefunden.

Die Suche nach der Ersatzmutter verlief weniger erfolgreich. Seine Geliebte Lisa Matthias schilderte Tucholsky in ihren Memoiren als einen beziehungsunfähigen Erotomanen, der sie mit mehreren Frauen gleichzeitig betrogen habe. Tucholskys erste Frau Else bestätigte seine sexuelle Rastlosigkeit: »Als ich über die Damen wegsteigen musste, um in mein Bett zu kommen, ließ ich mich scheiden.«

Das Liebesleben des Schriftstellers verlief insgesamt unstet und chaotisch. Die einzige weibliche Konstante in seinem Leben war Mary Gerold, die er während des Ersten Weltkriegs kennengelernt hatte. Doch auch ihr gegenüber verlor er sich in eigentümlicher Unverbindlichkeit. Die beiden heirateten im August 1924, um danach nur gelegentlich zusammenzuwohnen, weil ihm Raum für diverse Affären bleiben sollte. 1933 ließen sie sich scheiden, doch die Liebe zwischen den beiden flammte danach umso stärker auf. Kurz vor seinem Tod schrieb er ihr einen bewegenden, entwaffnend ehrlichen Brief, in dem er sich selbst verurteilte: »Hat einen Goldklumpen in der Hand gehabt und sich nach Rechenpfennigen gebückt; hat nicht verstanden und hat Dummheiten gemacht, hat zwar nicht verraten, aber betrogen, und hat nicht verstanden.« Tucholsky setzte Mary in seinem Testament als Alleinerbin ein.

Kurt Tucholsky war unfähig, eine feste Bindung zu Frauen aufzubauen, suchte aber gleichzeitig immer wieder ihre Nähe. Psychologen und Biographen erklären diese Ambivalenz mit dem konfliktbeladenen Verhältnis zu seiner Mutter, die ihre Kinder einerseits pedantisch zu kontrollieren versuchte, andererseits aber verachtete, weil die »Blagen« angeblich ihr Leben ruinierten. Tucholsky wurde dadurch, ähnlich wie der von ihm verehrte Schopenhauer, zum Frauenhasser, der einerseits unbedingt von einer Frau geliebt werden wollte, andererseits aber nicht bereit war, sich längerfristig an sie zu binden – denn weibliche Kontrolle hatte er im mütterlichen Zuhause schon genug erlebt. Mit dieser Einstellung konnte er keine Ersatzmutter finden, auch wenn er sich noch so sehr danach sehnte.

Seine wirkliche Mutter traf er nur noch selten, der Kontakt zu ihr beschränkte sich auf das Nötigste. Sie bat ihren Sohn hin und wieder um Geld, das er ihr ohne Zögern gab, aber längere Wortwechsel oder gar eine Aussprache gab es nie. Das letzte Mal sahen sie sich 1933 in Frankreich, wohin Doris nach der Machtergreifung der Faschisten geflohen war. Sein anschließendes Urteil über die Mutter fiel vernichtend aus: »Ihre geistige Entwicklung ist wie die so vieler Bürgerfrauen im Alter von achtzehn Jahren stehen geblieben. Daher auch die Papageienhaftigkeit der Rede.«

Im Juli 1942 wurde Doris Tucholsky in das Konzentrationslager Theresienstadt deportiert, wo sie knapp ein Jahr später starb. Sie musste am Ende erleiden, was die Nazis 1933 ihrem Sohn zugedacht hatten, aber nicht ausführen konnten. Kurt Tucholsky indes war zu diesem Zeitpunkt bereits lange tot. Er hatte am 21. Dezember 1935 eine Überdosis Schlaftabletten genommen – wie bei Kaspar Hauser ist bis heute unklar, ob es versehentlich oder aus Absicht geschah.


## Anaïs Nin: Alles nur ein Traum?

Die Geschichte der beiden begann romantisch. Sie trafen sich erstmals 1902, als in Havanna gerade der Frühling begann. Es war in einem Musikgeschäft: Sie suchte nach Noten, und er spielte Klavier und sah dabei so umwerfend aus, dass sie ihre Noten vergaß. Doch im Grunde passten Joaquín und Rosa nicht zusammen. Und das lag weniger daran, dass er mit dreiundzwanzig Jahren acht Jahre jünger war als sie, sondern vor allem an ihren unterschiedlichen Persönlichkeiten und Vorstellungen vom Leben.

Joaquín Nin war ein mittelloser Musiker aus dem niederen spanischen Adel, der aus Barcelona geflohen war, nachdem er eine Studentin entehrt hatte. Deren Vater drohte, ihn auspeitschen zu lassen, falls er jemals wieder in der Stadt auftauchte. Doch Joaquín bekümmerte das nur wenig. Denn er wusste, dass er gut aussah und jederzeit neue Frauen und neue Städte erobern konnte. Wenn er den Kopf nach hinten warf und sich das lange, kastanienbraune Haar aus der hohen Stirn strich, sah er aus wie einer dieser Latin Lover, die man sonst nur aus Filmen kennt. Aber auch seine berufliche Zukunft machte Joaquín keine Sorgen. Zu sehr war er von seinem musikalischen Genie überzeugt, das seiner Meinung nach nur auf die richtige Schiene gesetzt werden musste, um ihn mit seiner Karriere steil nach oben zu bringen. Und den probaten Weichensteller dafür meinte er nun in seinem kubanischen Exil gefunden zu haben: Rosa Culmell y Vaurigaud.

Sie war die älteste und bevorzugte von fünf Töchtern eines wohlhabenden Kaufmanns aus Dänemark und dessen französisch-kubanischer Frau. Musikalisch war sie mindestens so begabt wie Joaquín, vor allem als Sängerin, doch es trieb sie nicht ins Rampenlicht. Sie war klug, aber nicht besserwisserisch. Nicht hässlich, aber auch nicht schön. Joaquín erzählte später: »Ihre Schwester war hübscher, aber Rosa hatte die Kraft, den Mut und die Entschlossenheit, die ich brauchte.« Ganz zu schweigen davon, dass sie auch das nötige Kleingeld mitbrachte. Sein Interesse an ihr war also vor allem pragmatischer Natur, während sie einfach nur rettungslos in ihn verliebt war. Das konnte nicht gutgehen.

Rosa und Joaquín heirateten am 8. April 1902. Ihr Plan: Sie wollten mit finanzieller Unterstützung von Rosas Vater nach Paris gehen, um dort Musik zu studieren und gemeinsame Konzerte zu geben. Doch eigentlich ging es nur um die Förderung *seiner* Karriere. Rosa sollte ihm zur Seite stehen, und auch das nur so lange, bis er sie nicht mehr brauchte. Rosa war durchaus einverstanden mit dieser Regelung, denn auch wenn sie gern sang, wollte sie doch in erster Linie Joaquíns Ehefrau und Gehilfin sein.

Schon auf dem Schiff von Havanna nach Frankreich kam es zum ersten Streit. Der Kapitän bat Joaquín um ein Klavierkonzert, doch der gab nur barsch zurück: »Ich spiele nicht vor Bauern.« Rosa reagierte auf diese Arroganz mit einem Wutanfall, den das ganze Schiff hören konnte. Wahrscheinlich ahnte sie in diesem Moment, auf wen sie sich da eingelassen hatte. Doch sie gehörte nicht zu den Menschen, die einfach einen Rückzieher machen, wenn es unbequem wird.

In Paris wurde Rosa schwanger; am 21. Februar 1903 kam ihr erstes Kind zur Welt: Angela Anaïs Juana Antolina Rosa Edelmira Nin y Culmell. Alle Welt nannte sie jedoch nur: Anaïs Nin.

Der Vater sah keineswegs ein Wunschkind in ihr. Er hatte überhaupt keine Kinder gewollt und erst recht kein »schreiendes, schlechtgelauntes, kleines Mädchen« mit traurigen braunen Augen. Zum Ausgleich wurde das Kind von der Mutter mit Zuneigung überschüttet. Wobei Rosa den Fehler machte, dass sie den zierlichen

Wuchs ihrer Tochter für Zerbrechlichkeit hielt. In Wahrheit aber war Anaïs ein Ausbund an Zähigkeit und Überlebenswillen.

Der egozentrische Joaquín war eifersüchtig, weil er jetzt nicht mehr die erste Geige in Rosas Welt spielte. Egal, was seine Frau auch tat, sie konnte es ihm nicht mehr recht machen. Als sie mit dem Gedanken spielte, den Gesangsunterricht aufzugeben, machte er ihr den Vorwurf, dass dies nur eine neue Taktik von ihr sei, um ihn zugunsten des Kindes zu vernachlässigen. Also machte sie weiter, und das mit wachsendem Erfolg. Sie gab schließlich sogar Konzerte, die ein begeistertes Publikum fanden. Für Joaquín war dies jedoch nur ein Anlass für neue Vorwürfe: Sie vernachlässige ihre Familie und solle mit den Konzerten aufhören. Das tat sie aber nicht, denn mittlerweile hatte sie Spaß daran gefunden.

Im Januar 1905 kehrte man nach Kuba zurück, und Joaquín erfuhr endlich die berufliche Anerkennung, auf die er gewartet hatte. Sein Konzertkalender war voll; aber trotzdem war nicht genug Geld da, um das elegante Leben, das ihm vorschwebte, zu bezahlen. Sie waren nach wie vor auf die Finanzspritzen von Rosas Vater angewiesen – und das nagte am Selbstbewusstsein des eitlen Musikers.

Im März bekam Anaïs einen Bruder: Thorvald. Sie selbst erkrankte so schwer an Typhus, dass sie abmagerte und büschelweise Haare verlor. Anaïs erholte sich, allerdings wirkte sie fortan immer ein wenig älter, als sie tatsächlich war. Ihr Vater nannte sie fortan das »hässliche

Entlein«. Dabei sah er sie nur selten, weil er oft auf Tournee war. Und wenn er sie traf, dann wirkte er distanziert. Kleine Kinder interessierten ihn allenfalls als Objekte, mit denen er posieren konnte. Er ließ sich oft mit ihnen fotografieren, wobei er genau festlegte, wer wo zu stehen und wie zu gucken hatte. Die Familienfotos wurden dadurch zu durchkomponierten Kunstwerken – und ihr Komponist, also Joaquín, signierte sie am Ende noch mit seiner Unterschrift. Bei Anaïs brannte sich das Posieren und Inszenieren tief in den Charakter ein, sie hielt bis ins hohe Alter daran fest.

Die häufigen Tourneen von Joaquín führten dazu, dass sich die emotionalen Vorzeichen zwischen den ungleichen Ehepartnern umkehrten. Jetzt war es an Rosa, sich vernachlässigt zu fühlen. Sie warf ihrem Mann vor, nach außen »den Fürsten mit den edlen Manieren« zu spielen, sich aber daheim von den Pflichten abzuseilen und sich »eher grob … auf jeden Fall anders« zu verhalten. Eine Einschätzung, die Anaïs in ihren Tagebüchern bestätigte: »Besuchern gegenüber war mein Vater immer freundlich und bezaubernd. Aber im Hause herrschte Krieg … Ich wusste immer, dass es Kämpfe gab. Aber ich verstand sie nicht.« Was sie aber verstand: In den ehelichen Disputen ging es oft um Sex, der von der sinnlichen Rosa in größerem Maß eingefordert wurde, als ihr Gatte zu geben bereit war. Joaquín flüchtete sich stattdessen in seine Musik oder verschwand hinter seiner geliebten Fotokamera – und bezeichnete seine Frau als »unersättlich, bis zur Verzweiflung erregt«. Die sexuelle

Erfüllung der Frau wurde später zu einem der beherrschenden Themen im Werk von Anaïs Nin.

Zwischen 1905 und 1907 gab Joaquín diverse Solo-Konzerte in Europa und Kuba, während seine Familie zu Hause blieb. Die finanziellen Erträge seiner Reisen waren mäßig, und Rosas großzügiger Vater war inzwischen gestorben.

So kam es, dass Joaquín schließlich zusammen mit seiner Frau auftreten musste – denn charismatische Sängerinnen lassen sich nun einmal besser vermarkten als in sich verschraubte Pianisten. Das war fraglos ein weiterer Dämpfer für sein Selbstbewusstsein. Zu allem Überfluss entdeckte Rosa, dass sie abermals schwanger war. Nun war Joaquín endgültig bedient. Sie zogen nach Berlin, und als am 5. September 1908 mit Joaquínito das dritte Kind zur Welt kam, ging der Vater auf eine schlechtbezahlte Konzerttour durch Deutschland, Frankreich und Spanien, die eher dem Aufbau seines Egos als der dünnen Familienbörse diente.

Frau und Kinder blieben im winterlichen Berlin und erlebten eine ungemein schwierige Zeit. Denn Rosa sprach kein Deutsch und hatte kein Geld, um sich eine Hilfe für ihren vierköpfigen Haushalt leisten zu können. Sie waren Fremde in einem Land, in dem nicht nur das Wetter bitterkalt war, sondern auch Ausländerhass und dumpfer Nationalismus waberten. Erst im späten Frühjahr 1909 ließ Joaquín seine Familie nach Brüssel nachkommen, wo man ihm an der dort neu eingerichteten Universität eine Assistenzprofessur gegeben hatte. Anaïs bemerkte: »Von diesem Zeitpunkt an wurde Papas Persönlichkeit immer deutlicher.«

1912 bröckelte die Familienfassade mehr und mehr. Mutter und Vater hatten sich nicht mehr viel zu sagen; wenn sie miteinander sprachen, war es im Streit. Rosa zeigte sich in diesen Auseinandersetzungen deutlich überlegen, so dass ihr Mann auf körperliche Züchtigung umstieg. Er sperrte die Kinder in ihre Zimmer, um in Ruhe seine Frau verprügeln zu können. Doch weil ihm Rosa auch unter den Schlägen, die der Pianist mit seinen feingliedrigen Händen nicht mit übergroßer Härte ausführen konnte, rhetorische Giftpfeile zuwarf, wechselte er schließlich seine Strategie: Er sperrte Rosa in ihr Zimmer und verprügelte die Kinder. Wenn dann die Mutter ihr Schreien hörte, gab sie endlich Ruhe.

Anaïs war jetzt neun Jahre alt und versuchte, ihrem Leben einen Halt zu geben, indem sie frei erfundene Geschichten und Gedichte niederschrieb. Sie zeigte ihre Werke dem Vater, der, offenbar überrumpelt von deren Qualität, seiner Tochter vorwarf, dass sie irgendwo abgeschrieben habe. Er wollte eben nicht akzeptieren, dass in seiner Familie jemand außer ihm kreativ und talentiert war. Anaïs konnte diesen Vorwurf niemals vergessen, selbst dann nicht, als sie als Schriftstellerin längst etabliert war. Er nagte schwerer an ihrer Seele als das »hässliche Entlein« und schmerzte mehr als alle Prügel, die sie bezogen hatte.

Auch Bruder Thorvald bekam die Verachtung des Vaters zu spüren. Der blonde, blauäugige und stämmige

Junge musste sich anhören, er sei »zu dänisch«. Der Vater meinte damit nicht nur sein Aussehen, sondern implizierte auch, dass er seinen Sohn für plump, unbegabt und »völlig phantasielos« hielt. Thorvald reagierte auf diese Ablehnung und auch auf die Streitigkeiten seiner Eltern, indem er sich komplett zurückzog, mit der Folge, dass selbst Rosa ihn übersah und sich stattdessen seinen Geschwistern widmete. Thorwald war zweifelsohne das größte Opfer im Hause Nin; in seiner Isolation blieb ihm jede Möglichkeit verwehrt, zu einer Persönlichkeit heranzureifen. Zeit seines Lebens hatte er Probleme, seinen Weg zu finden. Als Anaïs ihn 1965 nach langer Trennung wiedersah, war sie entsetzt über »seine Reizbarkeit und giftigen Kommentare« und über »sein gewalttätiges Wesen, die absolut kalten Augen und sein ausdrucksloses, steinernes Gesicht, hart wie Marmor«. Aus dem kraftstrotzenden »Dänen« mit den klaren blauen Augen war ein verbitterter Zyniker geworden.

Im Oktober 1912 wurde Anaïs ins Krankenhaus gebracht: Blinddarmdurchbruch. Drei Monate kämpfte sie ums Überleben – und sie schaffte es, nachdem schon fast alle die Hoffnung aufgegeben hatten. Ihr Zusammenbruch schien die Familie noch einmal zusammenzuschweißen; man zog gemeinsam nach Arcachon an die französische Atlantikküste, damit sich die Tochter erholen konnte. Anaïs verinnerlichte dieses Erlebnis so sehr, dass sie sich zu einer lebenslangen Hypochonderin entwickelte. Immer, wenn Unheil drohte, flüchtete sie sich in die Krankheit, in der Hoffnung, dass sich dann das Unheil irgendwie verflüchtigen würde. Dabei wurde in Arcachon letztlich der Familienzusammenhalt der Nins nicht etwa erneuert, sondern endgültig zerrissen.

Kaum angekommen, warf Rosa ihrem Mann vor, dass er sie mit einer Klavierschülerin betrüge. Als er das abstritt, schrie sie, dies sei ja nur eine der üblichen »Nin'schen Lügen«. Die Kinder kannten diesen Vorwurf bereits, und Anaïs sollte ihn verinnerlichen. Als Schriftstellerin kämpfte sie mit ihren Selbstzweifeln und der Frage, ob all ihre Geschichten in Wirklichkeit nichts anderes seien als »Nin'sche Lügen«.

Diesmal aber wollte Joaquín die Attacke seiner Frau nicht einfach schlucken. Er beschloss, »Nin'sche Fakten« zu schaffen – und umwarb die besagte Klavierschülerin, machte sie tatsächlich zu seiner Geliebten und zog mit ihr nach Paris. Als er sich von seiner Familie verabschiedete, wurde Anaïs hysterisch. Sie schrie und klammerte sich an ihren Vater, doch der stieß sie beiseite und ging.

Fortan wurde das Schreiben zur Hauptbeschäftigung des mittlerweile elfjährigen Mädchens. Sie dachte darüber nach, warum der Vater sie verlassen hatte, und kam zu dem Schluss, dass sie wohl zu hässlich, dumm und uninteressant für ihn gewesen sei. Folglich musste sie hübscher, klüger und interessanter werden, um ihn zurückzuerobern. Das war der Moment, in dem die Schriftstellerin Anaïs Nin geboren wurde. Sie begann, Tagebuch zu führen, und schrieb daran bis zu ihrem Tode – insgesamt füllte sie mehr als 35 000 Seiten.

Für den Biographen sollten sie eigentlich eine ergiebige Quelle sein. Doch das Problem ist, dass Anaïs auch in ihren Tagebüchern konsequent an der Strategie festhielt, die sie schon als Neunjährige verfolgte: nämlich Fiktion und Tatsachen miteinander zu vermischen, also immer wieder die berüchtigten Nin'schen Lügen einzustreuen. Fabulieren und Realisieren waren bei ihr stets eng beieinander, ohne diese Allianz hätte Anaïs ihre Kindheit nicht ertragen können: »Es war mir wohler dabei, wenn ich mich selbst zur Romanfigur machte.«

Im Sommer 1914 zog Rosa mit ihren Kindern nach New York, um dort ein neues Leben zu beginnen. Es gelang ihr, sich als Geschäftsfrau zu etablieren: Sie kaufte preiswert amerikanische Kleider, Schuhe, Bücher und Tabakwaren ein und verkaufte sie, nachdem sie noch einen zehnprozentigen Aufschlag für sich hinzugerechnet hatte, an ihre kubanischen Landsleute weiter. Die beiden Söhne assimilierten sich relativ zügig in ihrer neuen Heimat – doch Anaïs blieb in der Neuen Welt eine Fremde. Sie suchte wieder Kontakt zu ihrem Vater in Frankreich und schrieb ihm, wie unwohl sie sich in Amerika fühle. Joaquín zeigte Verständnis, schickte ihr französische Zeitungen, Bücher und Illustrierte, wohlwissend, dass er dadurch ihr Heimweh nur verschärfte. Sein Verständnis war – wenigstens zum Teil – Strategie. Er ahnte, dass er Rosa und die beiden Söhne für immer verloren hatte. Doch die sensible Tochter, die könnte er vielleicht zurückgewinnen und auf seine Seite ziehen.

Vorerst jedoch suchte Anaïs nach Ersatzvätern: »Der erste Mensch, dem ich völlig ergeben war, mein Vater, verriet mich, und ich zerbrach. Uneingeschränktes Geben ist verhängnisvoll. Ich zerbrach, zerbrach, zerbrach, und es blieben eine Million unbedeutender Beziehungen übrig.« Die erste dieser Beziehungen war der poesieinteressierte amerikanische Bankangestellte Hugo Guiler, fünf Jahre älter als Anaïs. Sie heirateten am 3. März 1923 in Havanna und zogen ein Jahr später nach Paris. Er ließ es ihr an nichts fehlen und dennoch begann sie eine Affäre mit einem etwa doppelt so alten Literaturprofessor.

Diese Liaison endete enttäuschend, worauf Anaïs sich mit Selbstmordgedanken trug – bis sie D. H. Lawrence las und dessen Auffassung übernahm, dass es verlogen sei, die zu den menschlichen Grunderfahrungen gehörenden Lüste und Begierden zu verleugnen. Sie schrieb das Buch *D. H. Lawrence. An Unprofessional Study*, das den Start in ihre Karriere als professionelle Autorin besiegelte – und begann eine Affäre mit dem elf Jahre älteren Henry Miller und dessen Ehefrau.

1932 legte sich Anaïs auf die Couch des französischen Psychoanalytikers René Allendy. Eigentlich hätte der Therapeut keine Beziehung zu seiner Patientin zulassen dürfen, doch auch er konnte der vierzehn Jahre jüngeren Frau nicht widerstehen, die ihm eines Tages ihre »kleinen, aber wohlgeformten« Brüste zeigte. Ihrem Ehemann Hugo verheimlichte sie ihre Affären, und als er entsprechende Hinweise in ihren Tagebüchern fand, log sie ihm vor, es handle sich um rein fiktive Darstellungen. Er glaubte es – auf ihre Nin'schen Lügen konnte sie sich eben stets verlassen.

Im Sommer 1933 intensivierte Anaïs ihren Kontakt zum Vater, der inzwischen als erfolgreicher Musiker endlich das luxuriöse Leben führte, das er sich immer vorgestellt hatte. Sie trafen sich in einem Hotel in der Nähe von Nîmes, in dem sie, wenn man der Tagebuchschreiberin Anaïs Nin glauben darf, mindestens drei Tage lang ausgiebigen und heftigsten Sex miteinander hatten. Bei ihrem ersten Liebesakt soll er ausgerufen haben: »Ich habe Gott verloren.« In berauschten Worten schilderte Anaïs später, wie ihr Vater alle anderen Männer in ihrem Leben, im wahrsten Sinne des Wortes, »ausstechen« wollte. Und wie sie, nur mit einem Negligé bekleidet, auf seinem erigierten Penis lag und dabei »mehr Schrecken als Freude, Freude an etwas Unsäglichem, Düsterem« empfand.

Ob dieser Inzest tatsächlich stattfand, ist offen. Charakterlich wären beide sicherlich dazu imstande gewesen, doch sie waren auch beide wahre Großmeister des Nin'schen Lügens. Joaquínito jedenfalls, der jüngste Bruder, meldete entschiedene Zweifel an. Denn aus seiner Kindheit wusste er zu berichten, dass seine Schwester die abenteuerlichsten Ammenmärchen als unverrückbare Wahrheiten auftischen konnte, ohne dabei mit der Wimper zu zucken.

In jedem Fall ging Anaïs Nin nach dem Treffen mit Joaquín fleißig weiter auf Ersatzvatersuche. Als Nächster kam wieder ein Psychoanalytiker dran: Otto Rank. Er war neun Jahre älter als sie. Im April 1934 stellte sie fest, dass sie schwanger war. Doch sie wollte Henry Miller, den

sie für den Vater des Kindes hielt, nicht unter Druck setzen und auch ihren Ehemann Hugo nicht vor den Kopf
stoßen – also entschloss sie sich zur Abtreibung. Doch sie
war bereits im sechsten Monat: Der Eingriff schlug fehl,
die Schwangerschaft endete mit einer schmerzhaften
Totgeburt, die auch Anaïs beinahe das Leben kostete.
Sie verarbeitete diese Katastrophe in ihrer Erzählung
»Birth«. Sie ist getragen von tiefer Resignation: »Als sie
das letzte Mal aus dem Äther gekommen war, sah sie ihr
totes Kind, ein kleines Mädchen ... Das kleine Mädchen
in ihr war ebenfalls tot.«

Die Frau Anaïs Nin starb am 14. Januar 1977 in Los
Angeles. Ihre Asche wurde per Hubschrauber über dem
Pazifik verstreut. Noch kurz vorher hatte sie in ihrem Tagebuch geschrieben: »Und in der Stunde meines Todes
werde ich sagen: ›Verzeiht mir, es war alles ein Traum‹,
und dann werde ich vielleicht jemanden gefunden haben, der sagt: ›Keineswegs, es war wahr, absolut wahr‹.«

## Salvador Dalí: Die Nr. 2,
### die alles durfte

Was hatte Ana Maria Dalí dazu bewegt, im Dezember
1949 mit *Salvador Dalí visto por su hermana* eine Biographie von ihrem Bruder zu veröffentlichen? Wollte
sie teilhaben an seinem Ruhm? Rache dafür nehmen,
dass er seinerzeit ihren Kopf als Fußball missbraucht
hatte? Oder in schwesterlicher Fürsorge das Bild des

heimtückischen, egoistischen und sadistischen Monsters korrigieren, das Salvador in seiner Autobiographie von sich selbst entworfen hatte?

In jedem Falle gelang es ihr, Papa Don Salvador als Autor für das Vorwort zu gewinnen, der dort seine »große Befriedigung« darüber kundtat, dass endlich die Geschichte der Dalís »mit absoluter Treue« wiedergegeben würde. Und danach erläuterte Ana, wie sie die Kindheit mit ihrem Bruder erlebt hatte.

Dieser sei nämlich gar nicht so schlimm gewesen, wie es die Öffentlichkeit und er selbst dargestellt hätten. Halsstarrig, dickköpfig und cholerisch, ja, aber ansonsten einfach nur zum Liebhaben. Das sei auch nicht anders zu erwarten in einer Familie, in der sich alle liebhätten. Dass Salvador später moralisch so heruntergekommen sei, liege nur an seiner Kunst, dem Surrealismus. Und natürlich an Gala, seiner Ehefrau.

Ana Marias Buch wurde wahrlich nicht zum Bestseller, dazu war es zu langweilig. Aber die Reaktionen des Bruders waren dafür umso deftiger. Er bezichtigte seine Schwester der Heuchelei und warf ihr vor, dass sie »materiell und pseudogefühlvoll« falsche Berichte über ihn verkaufe. In einem Memorandum stellte er unmissverständlich klar: »Ich wurde 1930 ohne einen Cent von meiner Familie verstoßen. Meinen ganzen weltweiten Erfolg habe ich allein, mit Hilfe Gottes, des Lichts der Empordà und der heroischen täglichen Selbstverleugnung meiner großartigen Frau Gala erreicht.«

Die weltweite Kunstgemeinde rätselt seitdem, wie Dalí

denn nun wirklich war: zum Liebhaben oder aber ein sadistischer Egomane? Man wird es nie zweifelsfrei beantworten können, weil der Surrealist sich permanent selbst inszeniert hat. Andererseits liefert gerade dieser Drang zur Selbstinszenierung den Schlüssel zu seinem Charakter, zu seinem inneren Wesen. Es war sein Exhibitionismus, mit dem sich der Künstler gleichermaßen verstecken wie zu erkennen geben konnte, und gewachsen ist er aus der pädagogischen Duldungsstarre seiner Eltern.

Eigentlich ist es eher selten, dass zwei Menschen nach dem Prinzip der sich anziehenden Gegensätze zusammenfinden, so etwas klingt mehr nach Hollywood. Doch bei den Eltern von Salvador Dalí war es definitiv der Fall. Sein Vater Don Salvador war Notar und in seinem Heimatort, der katalanischen Kleinstadt Figueres, als »Gelddoktor« bekannt, weil er wusste, wie man Geschäfte zum größtmöglichen eigenen Vorteil ausreizen konnte. Er war ausgesprochen temperamentvoll; wenn er wütend wurde, hielt das ganze Haus den Atem an. Salvador verglich dies später mit einem »Gewittersturm, der auf seinem Weg alles niederreißt«.

Mutter Felipa war hingegen eher wie eine sanfte Brise: ruhig und bedacht, aber auch sensibel und künstlerisch talentiert. Ihr Großvater war Kunsthandwerker, und ihre Mutter wusste mit Scherenschnitten zu bezaubern. Keine Frage: Das künstlerische Talent hatte Salvador von Felipa und das geschäftliche vom Vater. Keine schlechte Kombination, um als Künstler erfolgreich zu werden.

Zunächst aber erlebten Vater und Mutter Dalí eine Katastrophe. Am 12. Oktober 1901 kam ihr erster Sohn zur Welt, und er wurde auf den Namen des Vaters getauft: Salvador. Doch er starb bereits zweiundzwanzig Monate nach der Geburt, vermutlich an einem Darminfekt. Die Eltern waren erschüttert und traumatisiert, überall wurden Bilder des Verstorbenen aufgehängt, das Dalí-Haus wurde zum heiligen Gral von Salvador, dem erstgeborenen Sohn.

Am 11. Mai 1904 kam dann abermals ein Junge zur Welt – und auch er erhielt den Namen Salvador. Die Eltern wollten bei ihm alles besser machen, obwohl sie eigentlich beim ersten gar nichts falsch gemacht hatten. Was konkret hieß: Salvador II. wurde verhätschelt und konnte sich alle Frechheiten und Grausamkeiten herausnehmen, ohne dass ihm ernsthaft Sanktionen drohten. Dalí bemerkte später dazu: »Nachdem meine Eltern den ersten Salvador verloren hatten, liebten sie mich leidenschaftlich und gewährten mir alles, was ich wollte.«

Zwei Grundstimmungen prägten das Leben des kleinen Dalí. Einerseits war da das quälende Gefühl, nur die Nr. 2 hinter dem verstorbenen Bruder zu sein: »Jeden Tag bringe ich mit eigenen Händen, mit Fußtritten und mutwilligen Schlägen das Bild meines armen toten Bruders um. Und jeden Tag lege ich einen Strauß Immortellen auf sein Grab. Denn er ist zugleich mein tiefster Feind und mein höchster Gott.« Das andere Gefühl hingegen war das der Omnipotenz; es war wie ein Rausch, sich alles gegen alle herausnehmen zu dürfen.

Dieser Gefühlsmix aus Zweitklassigkeit und rücksichtsloser Freiheit prägte in entscheidendem Maße die Entwicklung von Dalís Persönlichkeit: Er blähte sich auf zum sadistischen Egomanen, um die Welt nachhaltig davon zu überzeugen, dass er mehr als nur eine Wiederauflage seines verstorbenen Bruders war – und die grenzenlose Toleranz und Laisser-faire-Taktik seiner Eltern setzten ihm dabei keine Widerstände entgegen.

Wenn Salvador schrie, sprangen Eltern und Hauspersonal heran, um zu schauen, was ihm fehlte. Wenn er lachte, lachten alle mit, auch wenn er sich wegen einer Grausamkeit amüsierte. Und wenn er weinte, weil er gerade in der Stimmung dazu war, zermarterten sich die Eltern das Gehirn, was sie wohl falsch gemacht hätten.

Es kam zu geradezu grotesken Szenen ungeahnter und ungeahndeter Brutalität. Als Salvador fünf Jahre alt war, ging er mit einem Jungen spazieren, der etwas kleiner war als er. Der andere hatte ein Dreirad, und Salvador legte ihm die Hand auf den Rücken und schob ihn vorwärts. Ein rührendes Bild. Bis Salvador den Jungen kurzerhand von einer Brücke schubste, sodass er vier Meter in die Tiefe auf einen Felsen fiel. Die Verletzungen und auch die Aufregung waren erheblich. Doch Salvador kümmerte das nicht, und bestraft wurde er auch nicht. Er wurde nicht einmal auf seine heimtückische Tat angesprochen und genoss sogar die Situation: »Das dauernde Kommen und Gehen und der allgemeine Aufruhr, in den das Haus geraten war, versetzten mich in eine herrliche halluzinatorische Stimmung. Ich saß Kir-

schen essend im Salon und schaute dem Treiben zu …
Ich erinnere mich nicht, auch nur das leiseste Schuldgefühl wegen des Vorfalls empfunden zu haben. Als ich an jenem Abend wie üblich meinen einsamen Spaziergang machte, genoss ich die Schönheit jedes einzelnen Grashalms.«

Im Januar 1908 bekam Salvador eine kleine Schwester: Ana Maria. Doch durch das Geschwisterkind verschlechterte sich seine Situation keineswegs; er ließ sich nun eben neue Tricks einfallen, um die Aufmerksamkeit auf sich zu ziehen: »Oft stellte ich mich krank, um meine Eltern zu beunruhigen, und ich machte mit wahrem Vergnügen ins Bett. Mein Vater hatte mir ein schönes rotes Dreirad gekauft … und versprochen, es mir zu geben, sobald ich aufhörte, das Bett zu nässen. Ich war damals acht Jahre alt und stellte mir jeden Morgen die Frage: Das Dreirad oder aber ins Bett pissen? Nach einiger Überlegung pisste ich dann seelenruhig und mit der Gewissheit, meinen Vater zu erniedrigen, in die Leinentücher.«

Seine Schwester betrachtete Salvador eher unter praktischen Gesichtspunkten. Nun musste er nicht mehr rausgehen, um andere Kinder misshandeln zu können.

Eines Tages zeigte sich am Himmel ein Komet, und alle Mitglieder der väterlichen Kanzlei eilten auf die Terrasse, um dem Naturschauspiel zuschauen zu können. Auch Salvador wollte hinausgehen, doch auf dem Weg dorthin erblickte er die dreijährige Ana Maria, wie sie gerade durch die Terrassentür krabbeln wollte: »Ich hielt an, zögerte eine Sekunde, gab ihr einen fürchterlichen

Tritt gegen den Kopf, als sei er ein Ball, und lief weiter, getragen von einer deliriösen Freude, die sich durch diese wüste Tat eingestellt hatte.« Sein Vater hatte ihn allerdings dabei beobachtet und steckte ihn zur Strafe in sein Büro, wo er bis zum Abend bleiben sollte. Salvador schrie daraufhin vor Wut so laut, dass er seine Stimme verlor und die besorgten Eltern die Büroaktion wieder aufhoben. Der Kinder-Tyrann nahm fortan genau dieses Geschrei in sein ohnehin schon breitgefächertes Repertoire auf, um im Hause Dalí seine Machtansprüche durchzusetzen. »Ich war der absolute Herrscher des Hauses. Nichts war gut genug für mich.« Am Dreikönigstag bekam er eine glänzende Königstracht geschenkt – er wollte sie in den nächsten Tagen nicht einmal zum Schlafen ausziehen.

Salvadors Selbstbewusstsein wuchs ins Unermessliche: »Im Alter von sechs Jahren wollte ich Köchin werden. Mit sieben wollte ich Napoleon sein. Und mein Ehrgeiz ist seither stetig gewachsen.«

Am 6. Februar 1921 starb seine Mutter mit gerade einmal siebenundvierzig Jahren an Gebärmutterkrebs, was Salvador später als den schlimmsten Schlag bezeichnete, den er in seinem Leben hinnehmen musste: »Sie allein hätte meine Seele verwandeln können.« Doch jetzt war sie weg, und Salvadors Ansprüche kannten endgültig keine Grenzen mehr: »Ich empfand ihren Verlust wie eine Herausforderung und beschloss, mich zu rächen, indem ich unsterblich wurde.«

Salvador begeisterte sich zunehmend für die Kunst,

und sein Talent war für jedermann sichtbar. Im Januar 1922 stellte er – zusammen mit anderen Künstlern – erstmals seine Bilder aus, in einer angesehenen Galerie mitten in Barcelona. Seine Bilder waren die einzigen, die komplett verkauft wurden. Die Presse lobte ihn in den höchsten Tönen, und er bekam einen Preis der Universität Barcelona. Anlässlich einer weiteren Ausstellung bezeichnete eine Zeitung den Maler als »ein Pulverlager der feurigsten Energien und der solidesten Qualitäten«. Es wurde immer offensichtlicher, dass der junge Dalí für die Kunst bestimmt war – und das war für seinen Vater zunächst nicht akzeptabel. Denn jetzt, wo Salvadors Mutter nicht mehr lebte und er sich mit deren Schwester Catalina vermählt hatte, wollte er mehr Einfluss nehmen auf seinen Sohn. Und er missbilligte dessen künstlerische Ambitionen aufs Schärfste, »weil die Kunst kein Mittel sein sollte, seinen Lebensunterhalt zu verdienen«.

Salvador reagierte verärgert und drohte mit Schulboykott. Später malte er Bilder, in denen sein Vater als Kannibale auftauchte. Er, der als Kind und Jugendlicher jahrelang machen konnte, was er wollte, sollte nun auf seinen Lebenstraum verzichten? Das kam nicht in Frage. Vater und Sohn einigten sich schließlich auf einen Kompromiss: Salvador sollte sein Abitur machen und sich dann an der Academia San Fernando in Madrid einschreiben, um eine Laufbahn als Zeichenlehrer einzuschlagen. Damit könne ein Mann wenigstens ernährt werden, so der Vater. Sein Sohn hatte freilich ganz andere Pläne für Madrid, doch die behielt er klugerweise für sich, weil er ja auf die finanzielle Unterstützung der Familie angewiesen war: »Ich möchte dort drei Jahre arbeiten wie verrückt … Mich aufzuopfern und der Wahrheit zu unterwerfen ist nie umsonst. Anschließend bekomme ich das Stipendium, mit dem ich vier Jahre lang nach Rom gehe. Wenn ich von dort zurückkomme, werde ich ein Genie sein, und die Welt wird mich bewundern.«

Als sich Salvador Dalí in Madrid einschrieb, erschien er mit schulterlangen Haaren, bodenlangem Cape und einem Spazierstock mit vergoldetem Knauf. Für damalige Verhältnisse war das ziemlich provokant. Die Studenten und Professoren der ehrwürdigen Akademie zusammen mit Dalí, das war ungefähr so, als wenn man Günter Grass und Lady Gaga auf ein Sofa setzen würde. 1926 warf man den narzisstischen Dandy-Studenten heraus, weil er die Lehrer für unfähig erachtete, ihn beurteilen zu können.

Aber Dalí war keineswegs gewillt, sich selbst zurückzunehmen. Im Gegenteil: Auffallen wollte er, um jeden Preis – um der Welt zu zeigen, dass er kein Ersatzmann war für den verstorbenen Bruder, sondern Salvador Nr. 1: »Meine Devise war immer: Sie sollen von Dalí sprechen, schlimmstenfalls sogar Gutes.« Er schaffte es, eine enorme Medienpräsenz zu entwickeln. »Zwischen 1940 und 1965 verging in den USA kein Tag«, so der deutsche Kunsthistoriker Torsten Otte, »an dem sein Name nicht in Presse, Funk oder Fernsehen erwähnt wurde.«

Sein Ruhm gründete sich freilich nicht nur auf seine

Bilder, sondern auch auf seine ausladenden Posen und Reden, auf seinen gezwirbelten Schnurrbart und seine schillernden Kostüme – eben auf seinen exhibitionistischen Lebensstil. Damit brachte er nicht nur das Bürgertum auf die Palme, sondern auch seine Künstlerkollegen. So schätzte ihn Luis Buñuel zwar als »authentisches Genie«, doch er fand auch: »Gewisse Seiten seines Charakters sind abscheulich, seine Manie der Selbstreklame, der Exhibitionismus, das angestrengte Bemühen um originelle Gesten und Sätze …« Max Ernst, mit dem er künstlerisch zunächst viel gemeinsam unternahm, sprach später kein Wort mehr mit dem Spanier, weil er dessen Personality-Show nicht mehr ertragen konnte. Doch für Dalí war der Exhibitionismus sein persönlicher Schutzwall vor Zudringlichkeiten und damit ein unverzichtbarer Teil seines Lebens: »Ich entziehe mich den Blicken, indem ich sie auf mich ziehe, und im Schutz des herausfordernden Dandytums ziehe ich mich in das letzte Zimmer meines Palastes zurück, um ganz für mich allein mein Gold zu betasten.«

Man kann sich kaum vorstellen, dass es einen Menschen gäbe, der bereit wäre, mit so einem auf sich selbst fokussierten Exzentriker sein Leben zu teilen. Ebenso unvorstellbar: Konnte es irgendjemanden geben, der Dalí lieben und, was noch schwieriger war, von ihm geliebt werden konnte? Hinzu kam, dass Dalí kein entspanntes Verhältnis zur Sexualität hatte: Sein Vater hatte ihm eine panische Angst vor Geschlechtserkrankungen eingeredet, er hatte ihm sogar ein Buch darüber zu lesen gegeben, um ihn vor den Gefahren der körperlichen Liebe zu warnen. Das weibliche Geschlecht blieb daher für Dalí zeitlebens »eine verwirrende Höhle, wo Feuchtigkeiten brodeln, wo die Kinder und Embryonen herkommen – eine feuchtwarme Falle«. Wer sollte, vor allem als Frau, die Nähe eines solchen Sex-Phobikers suchen?

1929 traf Dalí auf andere Surrealisten, unter ihnen auch Paul Éluard, der allerdings nicht als Künstler, sondern als Dichter arbeitete. Er war verheiratet mit der russischen Emigrantin Helena, genannt Gala.

Dalí war sofort Feuer und Flamme für die zehn Jahre ältere Frau: »Ihr herrlicher Rücken, der so athletisch und zugleich so zerbrechlich aussah, so gespannt und so zart, so weiblich und energisch, faszinierte mich wie einst der Rücken meiner Amme.« Seine Liebe wurde erwidert: Gala verließ ihren Mann, um mit Dalí zusammen zu sein.

Der Maler betonte stets, dass Gala für ihn mehr sei als nur eine Geliebte. Sie gab ihm das Gefühl einer eigenen Lebendigkeit, das er nie zuvor gekannt hatte, und dazu gehörte auch, dass sie ihn, der sich für komplett impotent und beziehungsunfähig hielt, in die körperliche Liebe einweihte. Diese Intensität des Erlebens befreite ihn aus dem Trauma, nur Salvador Nr. 2 zu sein: »Gala trieb mir die Kräfte des Todes aus. Zuallererst befreite sie mich von dem quälenden Mal Salvadors, meines toten älteren Bruders.« Außerdem wurde Gala, die schon bald Dalís Leben zu organisieren begann, zu seinem Mutterersatz: »Ich wurde ihr Neugeborenes, ihr Kind, ihr Sohn, ihr Liebender … Sie nahm sich die Macht, meine Beschützerin zu sein, meine göttliche Mutter, meine Königin.«

Dalís Leben erreichte also eine neue Ebene: Er hatte wieder eine Mutter, und die hatte ihm auch noch die Last des verstorbenen Bruders von seinen Schultern genommen. Der Maler blieb zwar ein geltungssüchtiger Egomane – das konnte ihm niemand mehr austreiben –, doch seine Seele atmete spürbar durch.

Ein Durchatmen, das ihn allerdings seine Familie kostete. Denn sein Vater geriet außer sich vor Zorn, als er hörte, dass sein Sohn in wilder Ehe lebte, mit einer Russin, die älter und auch noch verheiratet war. Hatte er der Familie nicht schon genug geschadet, als er von der Akademie geworfen wurde? All das passte nicht in das Weltbild des konservativen Katholiken – der vorher tatenlos zugesehen hatte, wie sich sein Sohn zum sadistischen Monster entwickelte. Er strich Salvador aus seinem Testament und setzte Ana Maria als Alleinerbin ein.

Der geschasste Sohn reagierte, indem er sich beim Friseur den Schädel kahlscheren ließ und danach seine Haare in einem Erdloch verscharrte. Die meisten von uns hätten vermutlich etwas anderes getan, wenn man sie gerade enterbt und aus der Familie ausgeschlossen hätte. Aber wir würden wohl auch kein Bild malen, auf dem als Inschrift zu lesen ist: »Manchmal spucke ich zum Vergnügen auf das Porträt meiner Mutter.«

# Literaturverzeichnis

Agassi, Andre: Open. Das Selbstporträt. München: Droemer 2009.

Bader, Wolfgang (Hrsg.): Mütter berühmter Menschen. München/Zürich: Verlag Neue Stadt 1993.

Bair, Deirdre: Anaïs Nin. Eine Biographie. München: Goldmann 1998.

Bartley, William Warren: Wittgenstein, ein Leben. Berlin: Matthes & Seitz 1983.

Bavendamm, Dirk: Der junge Hitler. Korrekturen einer Biographie. Graz: Ares 2009.

Becker, Karin: Der Gourmand, der Bourgeois und der Romancier. Die französische Esskultur in Literatur und Gesellschaft des bürgerlichen Zeitalters. Frankfurt a. M.: Vittorio Klostermann 2000.

Bergmann, Ulrike: Johanna Schopenhauer. Leipzig: Reclam 2002.

Blunck, Richard: Friedrich Nietzsche. Kindheit und Jugend. München/Basel: Ernst Reinhardt Verlag 1953.

Burns, James MacGregor: John Kennedy. New York: Harcourt, Brace & World 1961.

Dalí, Salvador: Das geheime Leben des Salvador Dalí. München: Schirmer-Mosel 1984.

Dallek, Robert: John F. Kennedy. Ein unvollendetes Leben. Frankfurt a. M.: Fischer Taschenbuch Verlag 2005.

Davis, John: The Kennedys. Dynasty and Disaster. New York: McGraw-Hill 1984.

Dieterich, Veit-Jakobus: Martin Luther. Sein Leben und seine Zeit. München: Deutscher Taschenbuch-Verlag 2008.

Elbogen, Paul (Hrsg.): Lieber Vater. Briefe berühmter Deutscher an ihre Väter. Berlin: Rowohlt 1932.

Ellis, Lucy/Sutherland, Bryony: Drew Barrymore. The Biography. London: Aurum Press 2003.

Fontane, Theodor: Das Oderland. Bd. 2. In: Wanderungen durch die Mark Brandenburg. 8 Bde. Berlin: Aufbau 2005.

Fox, Robin Lane: Alexander der Große. Reinbek: Rowohlt Taschenbuch-Verlag 2010.

Furman, Leah/Furman, Elina: Happily Ever After. The Drew Barrymore Story. New York: Ballantine Books 2000.

Hepp, Michael: Kurt Tucholsky. Biographische Annäherungen. Reinbek: Rowohlt Taschenbuch-Verlag 1999.

Heymann, David: Liz Taylor. Sieben Leben hat die Katze. München: Wilhelm Heyne 1995.

Hübscher, Angelika: Arthur Schopenhauer. Leben und Werk in Texten und Bildern. Frankfurt a. M.: Insel-Verlag 1989.

Klassen, Janina: Clara Schumann. Musik und Öffentlichkeit. Köln/Weimar/Wien: Böhlau 2009.

Krockow, Christian Graf von: Friedrich der Große. Ein Lebensbild. Bergisch-Gladbach: Lübbe 2000.

Kugler, Franz: Geschichte Friedrichs des Großen. Leipzig: E. A. Seemann 2008.

Künzler, Hanspeter: Black or White. Michael Jackson – die ganze Geschichte. Höfen: Hannibal 2009.

Kusche, Ludwig: Mütter machen Musikgeschichte. München: Süddeutscher Verlag 1972.

Langegger, Florian: Mozart. Vater und Sohn – eine psychologische Untersuchung. Zürich: Atlantis Musikbuch 1986.

Langenbach, Ingo: Anaïs ist eine Legende, das müssen Sie einfangen. In: Kritische Ausgabe – Zeitschrift für Germanistik und Literatur. Bonn 2007, Nr. 15.

Leutwyler, Henry: Neverland Lost: A portrait of Michael Jackson. Göttingen: Steidl 2010.

Lohse, Bernhard: Martin Luther. Eine Einführung in sein Leben und sein Werk. München: C. H. Beck 1997.

Lynn, Kenneth: Hemingway. Eine Biographie. Reinbek: Rowohlt 1989.

Matthias, Lisa: Ich war Tucholskys Lottchen. Hamburg: Marion von Schröder 1962.

Monk, Ray: Wittgenstein. Das Handwerk des Genies. Stuttgart: Klett-Cotta 2004.

Montefiore, Simon Sebag: Der junge Stalin. Frankfurt a. M.: Fischer 2007.

Otte, Torsten: Salvador Dalí. Eine Biographie mit Selbstzeugnissen des Künstlers. Würzburg: Königshausen & Neumann 2006.

Pilgrim, Volker Elis: Muttersöhne. Reinbek: Rowohlt Taschenbuch-Verlag 1990.

Pusch, Luise (Hrsg.): Mütter berühmter Männer. Frankfurt a. M./Leipzig: Insel 1994.

Puyplat, Lisa u. a. (Hrsg.): Salvador Dalí. Facetten eines Jahrhundertkünstlers. Würzburg: Königshausen & Neumann 2005.

Reich, Nancy: Clara Schumann. The artist and the woman. New York: Cornell University Press 2001.

Salber, Linde: Anaïs Nin. Reinbek: Rowohlt Taschenbuch-Verlag 1992.

Schmid, Josef A.: Olympias – Die Mutter Alexander des Großen. Norderstedt: Grin 2006.

Seeßlen, Georg: Drew Barrymore. Berlin: Bertz 2001.

Siegler, Hans Georg: Der heimatlose Arthur Schopenhauer. Düsseldorf: Droste 1994.

Skasa-Weiß, Eugen: Mütter. Schicksal großer Söhne. Oldenburg: Stalling 1966.

Spoto, Donald: Elizabeth Taylor. Ein leidenschaftliches Leben. Berlin: Parnas 1996.

Thain, Andrea/Huebner, Michael O.: Elizabeth Taylor. Hollywoods letzte Diva. Reinbek: Rowohlt Taschenbuch-Verlag 1994.

Tritsch, Walther: Olympias. Die Mutter Alexander des Großen. Frankfurt a. M.: Societäts-Verlag 1956.

Vinnai, Gerhard: Hitler – Scheitern und Vernichtungswut. Zur Genese des faschistischen Täters. Gießen: Psychosozial-Verlag 2004.

Waugh, Alexander: Das Haus Wittgenstein. Geschichte einer ungewöhnlichen Familie. Frankfurt a. M.: Fischer 2009.

Weissweiler, Eva: Clara Schumann. Eine Biographie. München: Deutscher Taschenbuch-Verlag 2007.

Winter, Otto (Hrsg.): Meine Mutter. Bekenntnisse berühmter Männer und Frauen. Reutlingen: Enßlin & Laiblin 1931.

Würzbach, Friedrich (Hrsg.): Nietzsche. Sein Leben in Selbstzeugnissen, Briefen und Berichten. München: Goldmann 1968.

Zdral, Wolfgang: Die Hitlers. Die unbekannte Familie des Führers. Frankfurt/New York: Campus 2005.

Zwerenz, Gerhard: Kurt Tucholsky. Biographie eines guten Deutschen. München: Bertelsmann 1979.

# Personenregister

Jörg Zittlau
# Matt und elend lag er da

Berühmte Kranke und ihre schlechten Ärzte
224 Seiten. Gebunden mit Schutzumschlag
ISBN 978-3-550-08779-0

Eine kleine Weltgeschichte des Ärztepfuschs

Ob Beethoven, Nietzsche oder van Gogh: Unsere
Geschichte ist gespickt mit Krankheits- und Todesfällen,
die durch das Halbwissen der behandelnden Doktoren
verursacht wurden. Falsche Diagnosen und Therapien,
aber auch Erbschleicherei und heimtückisches Abkas-
sieren – die grandiosen Fehlleistungen der Ärzte lesen
sich wie Realsatire, manchmal auch wie ein Krimi.

ullstein

# Erich Schaake
# Bordeaux, mon amour

Eine Liebe zwischen Wehrmacht und Résistance
240 Seiten, mit zahlreichen Abbildungen.
Gebunden mit Schutzumschlag.
www.list-verlag.de
ISBN 978-3-471-35048-5

**Eine große Liebesgeschichte – und ein
dramatisches Kapitel des Zweiten Weltkriegs**

Er kommt als Besatzer nach Bordeaux.

Er verliebt sich in die Französin Henriette.

Und er sabotiert den mörderischen Plan seiner

Kommandeure. *Bordeaux, mon amour* erzählt

die wahre Geschichte von Heinz Stahlschmidt,

der als junger Soldat in Frankreich die Frau

seines Lebens traf und mit einer mutigen

Entscheidung die Stadt Bordeaux vor der

Zerstörung bewahrte.

# List